직장 여성의 영적 생활 일기

엘사 후츠

네비게이토 출판사

네비게이토 선교회는
국제적이며 복음적인 기독교 기관이다.
예수 그리스도께서는 자기를 따르는 자들에게
"너희는 가서 모든 족속으로 제자를 삼으라"
(마태복음 28:19)는 지상사명을 주셨다.
네비게이토 선교회는 세계 모든 국가에서
예수 그리스도의 일꾼들을 배가시켜
이 지상사명의 성취를 돕는 것을
근본 목표로 하고 있다.

네비게이토 출판사는
네비게이토 선교회의 문서 선교를 담당하고 있다.
본 출판사에서는 그리스도인의 영적 성장을 돕는
서적과 자료들을 출판하여,
그리스도인의 삶의 기초가 견고한
헌신된 제자로 성장하게 하고,
나아가 성숙한 인격과 지도력을 갖춘
일꾼이 되도록 돕고 있다.

DESKTOP DEVOTIONS
for
WORKING WOMEN

ELSA HOUTZ

Translated by permission
Title originally published in English as
DESKTOP DEVOTIONS FOR WORKING WOMEN
by NavPress, a ministry of The Navigators.
ⓒ1991 by Elsa Houtz
Korean Copyright ⓒ1997, 2022
by Korea NavPress

평강의 하나님이
모든 선한 일에 너희를 온전케 하사
자기 뜻을 행하게 하시고,
그 앞에 즐거운 것을
예수 그리스도로 말미암아
우리 속에 이루시기를 원하노라.
히브리서 13:20-21

너의 하나님 여호와가
너의 가운데 계시니
그는 구원을 베푸실 전능자시라.
그가 너로 인하여
기쁨을 이기지 못하여 하시며
너를 잠잠히 사랑하시며
너로 인하여
즐거이 부르며 기뻐하시리라.
스바냐 3:17

차 례

들어가는 말: 잠깐 멈추어서!   11

제 1 부 : 올바른 직장 생활을 위하여   15
   1. 제가 하겠습니다   17
   2. 뿌리   23
   3. 영향력   29
   4. 여기 책임자가 누구죠   35
   5. 할 일이 너무 많아요   41
   6. 잊었는데요   47

제 2 부 : 즐거운 직장 생활을 위하여   53
   7. 참, 그게 필요한데   55
   8. "동그란 파일"   61
   9. 괜찮아, 듣는 사람 없어   67
   10. 아름다운 여인   73
   11. 뭐 하시려고요   79
   12. 화장품   85

13. 하루만 푹 쉬었으면　　91
14. 자신이 없어요　　97
15. 상쾌한 출발　　103
16. 멋진 마무리　　109
17. 시간은 가는데　　115

제 3 부 : 효과적인 직장 생활을 위하여　　121
18. 여기 규칙은…　　123
19. 나는 뭐야　　129
20. 저 사람은 좋겠다　　135
21. 불공평해요　　141
22. 그 사람이 그러던데　　147
23. 가장 많이 즐기는 오락은?　　153
24. 정말이에요　　159
25. 몸매 유지　　165
26. 못 들었어요　　171
27. 이해할 수 없어　　177

제 4 부 : 보람 있는 직장 생활을 위하여　　183
28. 범사에 때가 있나니　　185
29. 역시 달라!　　191
30. 올해의 최신 모델　　197
31. 나 좀 알아주세요　　203
32. 진짜 직업은 뭔데요　　209

저자 소개

후츠 여사는 지난 수십 년간 직장인의 세계를 두루 경험하며 관찰해 왔습니다. 특히 직장 생활에서 영적 가치관과 대치되는 면에 큰 관심을 기울였습니다. 저자는 가정주부이면서 동시에 라디오 뉴스 캐스터, 대학 강사, 출판 편집자, 광고 카피라이터, 자유 기고가, 교육 행정가 등 여러 직업을 두루 거쳤고, 현재도 한 지역 봉사 기관에서 일하고 있습니다. 저자는 또한 교회학교에서 청장년을 가르치고 있으며, 그의 글은 많은 기독교 출판사와 일반 출판사에서 출간되어 널리 읽히고 있습니다.

직장 여성의 영적 생활 일기

들어가는 말: 잠깐 멈추어서!

지난번 직장에서는 우리 부서의 모든 사무실이 기다란 복도에서 다 보였는데, 이 복도는 건물의 나머지 부분과 연결되었습니다. 사무실을 떠나 다른 곳으로 가고자 할 때는 항상 그 복도를 거쳐야 했습니다.

그 당시에 나는 복도를 지날 때마다 항상 서둘러 지나갔습니다. 수많은 사람과 계획의 틈바구니 속에서 긴장을 느끼며 지냈는데, 나는 가능한 대로 최소한의 시간을 들여 모든 일을 마쳐야 한다는 생각 때문에 항상 쫓기고 있었습니다. 고백하건대, 나는 전형적인 강인한 직장 여성이었습니다.

어느 날, 여느 때와 다름없이 여러 가지 일을 빨리 진행시키고 있었습니다. 책상에서 벌떡 일어나 복도 쪽으로 뛰쳐나갔습니다. 다음 회의 시간 이전에 한 가지 일이라도 더 마치려고 최고 속력을 내며 복도를 향해 달렸습니다. 그런데 방문을 막 나서는 순간 무슨 일을 하려고 그렇게 급히 서둘렀는지 알 수가 없었습니다. 허공을 바라보며 내가 어디로 가려고 했는지를 더듬어 보았지만,

도무지 생각이 나지 않았습니다. 뚜렷한 목적을 가지고 책상에서 일어났지만, 복도에 다다르자 내 마음은 다른 생각으로 가득 차서 원래의 목적은 잊게 되었습니다. 천천히 내 자리로 돌아와서는 책상에 앉았습니다. 그러고는 크게 웃었습니다.

잠시 뒤에 복도에 서 있는 나의 모습이 떠올랐습니다. 힘차게 돌진하다가 어디로 가야 할지 몰라 무력하게 서 있는 모습이 마치 나의 분주한 직장 생활의 단면을 나타내어 주는 듯했습니다. 나는 그 순간을 통해 무언가 중요한 교훈을 배워야 한다는 생각이 들었습니다. 속력을 줄여야 할 때가 된 것입니다.

이 책은 나와 같은 직장 여성들을 위하여 기록하였습니다. 잠깐 시간을 내어 한숨 돌리며, 무엇보다도 우리가 향해 나아가야 할 곳을 다시 생각해 보는 시간을 갖는 데에 도움을 주기 위함입니다. 분주한 일정으로 가득 찬 삶을 사는 우리와 같은 직장 여성들은 밀리고, 끌려가고, 압력을 받는 듯한 느낌 가운데서 뭔가를 행하고, 개발하고, 변화하고, 새로이 만들고 성취해야만 하는 처지에 있는 것처럼 보입니다. 이 때문에 우리는 가야 할 곳이 어디이며, 진정으로 영위하기를 원하는 삶이 무엇인지에 대한 시야를 잃었습니다. 어려움을 당하고 있는 친구의 말을 잘 들어 주는 것보다 꽉 짜인 일정을 그날에 잘 마무리하는 것이 훨씬 중요한 관심사가 되었습니다. 월말 실적 보고서를 잘 작성하여 상사에게 좋은 인상을 주는 것이 바쁜 중에도 그리스도를 닮은 성품을 드러내는 것보다 우선순위를 차지하였습니다. 연말에 가서 업무 능률 향상에 대한 공로로 특별 상여금을 받는 것이 가족과 친구들, 그리고 교회에 한 약속을 제대로 지키는 것보다 중요하게 되었습니다. 우리가 전혀 원하지 않았던 곳을 향하여 줄달음질치고

들어가는 말: 잠깐 멈추어서!

있는 자신의 모습을 보면서, 하나님께서 원래 계획하셨던 모습 대신에 우리도 원하지 않는 모습으로 변하고 있는 자기를 발견합니다.

하나님께서는 우리가 내적 평안을 누리며 안정적인 삶을 살기 원하십니다. 그럼에도 우리는 대부분의 경우에 그러한 삶을 살지 못해도 방치해 둡니다. 직장, 가정, 가족, 이웃, 그리고 교회와 지역 사회의 필요를 채우는 것은 만족스럽기보다는 짐이 될 뿐입니다. 이런 책임을 감당하는 우리의 대처 방식 때문에 기쁨보다는 부담을 느끼는 것입니다.

이 책의 각 장은 "잠깐 멈추어서…"라는 도전으로 시작됩니다. 일하는 도중에 잠깐이라도 시간을 내어 이 도전을 묵상해 보면 생각의 초점을 다시 맞추고 하루 삶의 방향을 새롭게 하는 데에 도움이 될 것입니다. 이 책을 통해 직장 여성들이 하나님께서 우리에게 주시는 기쁨과 풍성함과 안정을 누릴 수 있게 된다면 이 책의 목적이 가장 잘 이루어졌다고 생각합니다. 이러한 삶은 오직 우리가 달려가던 길을 멈추고 하나님의 음성에 귀를 기울이고자 할 때만 가능합니다.

당신은 이 책을 여러 가지 방법으로 사용할 수 있을 것입니다. 각 장의 첫머리에 나오는 말씀은 조그만 카드나 노트에 적어 성경 암송에 활용할 수 있습니다. 나아가 이 카드를 화장대 거울이나 사무실 책상에 붙여 놓고 종일 묵상할 수도 있습니다.

각 장의 첫머리에 나오는 도전 또한 비슷한 방법으로 사용할 수 있습니다. 그 주제에 대한 당신의 생각을 자극해 주며, 영적 성장에 대한 목표를 선명히 하도록 도와줄 것입니다.

이 책에는 32개의 장이 있습니다. 따라서 한 달 동안 경건의 시간에 활용할 수도 있습니다. 다 읽은 후에는, 앞으로 가서 성경 구절을 복습하거나 도전을 다시 생각해 보면서 각 장의 목표에 얼마나 도달했는지를 평가해 볼 수도 있습니다.

하나님의 원리와 약속을 복잡다단한 매일의 생활 속에 적용하는 것은 주님과 함께 동행하는 과정에서 가장 흥미진진한 일이라고 생각됩니다. 바로 이를 위해 이 책을 썼습니다. 각 장을 읽어 가다 보면 통찰력과 격려를 얻으며 즐거움을 누리게 될 것입니다. 당신의 매일의 삶 속에서 일하시는 하나님을 더욱 생생하게 경험하며, 당신의 일 가운데서 일하시는 하나님을 더욱 깊이 알아 가기를 바랍니다.

제 1 부

올바른 직장 생활을 위하여

직장 여성의 영적 생활 일기

1
제가 하겠습니다

내가 또 주의 목소리를 들은즉 이르시되
"내가 누구를 보내며 누가 우리를 위하여 갈꼬?"
그때에 내가 가로되,
"내가 여기 있나이다. 나를 보내소서!"
이사야 6:8

잠깐 멈추어서…

* 직장에서 하나님을 나타낼 사람을 찾으실 때 "나를 보내 소서!"라고 말합시다.
* 직장을 선교지로 생각하는 감각을 기릅시다.

한 주를 마감하는 금요일 오후입니다. 바쁘게 일을 마무리하고 있는데 상사인 샌디가 사무실로 들어와서는 다급한 광고를 했습니다.

"본사에서 방금 전화가 왔습니다. 월말 보고서가 5시 정각까지 필요하다고 했습니다. 그래서 누군가 보고서를 본사까지 가지고 가야만 하는데, 저는 30분 뒤에 임원 회의가 있어서 갈 수 있는 형편이 못 됩니다. 도로가 혼잡하기 때문에 시간이 걸릴 수도 있지만 꼭 시간을 맞추어야 합니다. 루시, 제 대신 가 줄 수 있겠어요?"

루시가 말했습니다. "저도 돕고 싶어요. 하지만 4시 30분에 우리 아이를 데리러 야구 연습장에 가야만 해요. 지금 막 떠나려던 참이었어요. 다른 사람에게 부탁하시면 좋겠어요."

샌디는 단을 보았습니다. 단은 책상 서랍을 열었다 닫았다 하면서 애써 눈에 띄지 않으려고 했습니다.

"단은 어때요?"

"하고 싶지만 친구들과 약속이 있습니다. 체육관에서 농구를 하기로 했거든요. 제가 빠지면 숫자가 모자라서 농구를 할 수 없을 겁니다. 다른 사람에게 부탁하실 수는 없는지요?"

"그럼 진은 어때요? 당신이라면 할 수 있을 텐데요." 샌디는 당신의 다른 동료에게 물었습니다.

진이 대답했습니다. "물론이지요. 하지만 특근 수당과 자동차 운행비는 보장되는 거죠?"

진 말고는 당신밖에 남은 사람이 없기 때문에 안도의 한숨을 쉴 것입니다. 본사까지 가겠다고 동의한 진에게 감사하다는 말이라도 하고 싶은 심정일 것입니다. 마무리할 일, 시장 보기, 보모에게서 아이 찾아오기, 저녁 준비, 7시에 있는 스포츠 약속도 벅찬데 본사까지 갈 여력은 없기 때문입니다!

대부분의 사람들은 대신 일하러 가는 것을 싫어합니다. 직장에서는 흔히 "절대로 나서지 말라"라는 말을 자주 듣습니다. 군대와 마찬가지입니다. 상사가 심부름 보낼 사람을 찾거나 혹은 특별한 일을 시킬 때 우리들 대부분은 "제가 하겠습니다. 저를 보내 주십시오"라고 말하기보다는 "못해 드려서 죄송합니다"라고 대답하기 십상입니다.

왜 그럴까요?

아마도 루시처럼 다른 책임이 더 중요하다고 생각하기 때문이거나, 아니면 단처럼 여가 시간이나 사생활이 침해받는 것을 싫어하기 때문일지도 모릅니다. 어떤 경우에는 진처럼 무엇인가 우리에게 유익되는 것이 없으면 좀처럼 자기 길을 바꾸려 하지 않기 때문일 수도 있습니다.

이사야 선지자에게는 나서는 것이 위험하다고 가르쳐 주는 사람이 아무도 없었던 모양입니다. 하나님을 대신하여 백성들에게 말씀을 선포할 자를 찾고 계실 때 이사야는 꽁무니를 뒤로 뺄 이유가 전혀 없었습니다. 오히려 그는 곧바로 일어서서 하늘을 향해 손을 흔들며 큰 소리로 외쳤을 것입니다. "주님, 제가 여기 있습니다. 제가 하겠습니다. 저를 보내는 것이 어떻습니까?" 그는 하나님께서 일하라고 보내시기까지 기다리지 않았습니다.

예수님도 마찬가지로 행하셨습니다. "내가 하늘로서 내려온 것은 내 뜻을 행하려 함이 아니요 나를 보내신 이의 뜻을 행하려 함이니라"(요한복음 6:38-39)라고 말씀하셨습니다.

직장에 다니는 우리 그리스도인들도 직장으로 하나님의 보내심을 받은 사람들입니다. 인내와 인자와 긍휼과 정직과 순결, 그리고 관용이라는 하나님의 특성을 드러내며, 무조건적인 사랑과 용납을 나타내고, 고난 속에서도 만족스럽고 풍성하며 기뻐하는 삶을 살 수 있음을 증거하며, 격려하며 돌보며 도와주고, 어떤 손해가 나더라도 진리를 따라 행하도록 보내심을 받은 것입니다. 간단히 말해서, 직장에서 그분의 대사로 삶으로 말미암아 다른 사람들을 주님께 인도하고 그리스도의 본을 따라 살게 하도록 보내심을 받은 것입니다.

물론 우리는 하나님께서 직장 사람들에게 복음을 전할 사람을 찾으실 때 반드시 "나를 보내소서!"라고 응답해야 할 의무가 있

제가 하겠습니다

는 것은 아닙니다. 우리는 하나님께 바쁘다고 하거나 피곤하다고 말씀드릴 수도 있습니다. 또한 우리에게 이득이 별로 없다고 말씀드릴 수도 있습니다. 우리는 타성에 젖어 다른 사람들처럼 행동하고 평범한 삶을 살 수도 있습니다. 다른 대다수의 사람들이 하는 대로 따라서 살 수도 있습니다. 그들의 행동이나 태도가 그리스도인다운 것인지는 전혀 따지지 않습니다. 우리는 그렇게 할 수 있습니다. 우리가 그렇게 한다고 해도 하나님께서 이 세상에 직접 내려오셔서 우리를 데려가시지는 않으시니까 괜찮다고 생각할지도 모릅니다.

우리는 심지어 예레미야처럼 "나는 아이입니다"라는 변명을 늘어놓을 수 있습니다. 하나님께서 예레미야를 부르셨을 때 그는 "나는 아이라. 말할 줄을 알지 못하나이다"라고 말했습니다(예레미야 1:6). 모세도 역시 이런 방법을 쓰려고 했습니다. 하나님께서 이스라엘 백성을 애굽에서 이끌어 내라고 말씀하셨을 때 모세는 "주여, 나는 본래 말에 능치 못한 자라.… 보낼 만한 자를 보내소서"라고 말했습니다(출애굽기 4:10,13).

하나님께서는 예레미야나 모세나 우리에게 결코 완전함을 요구하시지 않습니다. 오직 자원함을 원하십니다. 그러나 우리는 은혜로 받은 자유로운 선택권을 가지고 자원하지 않는 방향으로 선택할 수 있습니다. 자기에게 있는 단점을 핑계로 내세우며 하나님께서 원하시는 일을 하기에는 부족한 사람이라고 단정 짓고 그냥 편히 주저앉아 있기가 너무나 쉽습니다.

물론 우리는 다른 사람이 그 일을 하도록 할 수도 있습니다. 어쨌든 우리 주위에는 그리스도인이 상당히 많지 않습니까? 마치 모세처럼 다른 누군가를 보내시라고 할 수도 있습니다. 우리도 그런 잘못을 범할 수 있습니다. "내가 누구를 보내며 누가 우리를 위하여 갈꼬?"라고 말씀하시는 하나님께 등을 돌릴 수 있다는 말입니다.

그러나 만약 우리가 등을 돌린다면, 하나님께서 우리를 위해 예비하신 영광스러운 임무를 놓치게 됩니다. 즉, 혼돈되고, 상처받고, 외로움 속에 떠는 세상 사람들에게 예수 그리스도를 전하는 영광을 놓치게 됩니다.

기 도

하나님 아버지, 직장에 주님의 기쁜 소식을 전할 사람이 필요하다는 것을 알고 있습니다. 저를 보내 주십시오. 주님도 아시다시피 저는 완전하지 못합니다. 그러나 주님, 시도해 보겠습니다. 제 마음을 성령의 인도하심에 민감하도록 이끄셔서 성령께서 저의 선생님이시며 보혜사이심을 알게 하소서. 제 직장 동료들이 주님께서 그들을 위해 예비하신 영광스러운 삶을 볼 수 있도록 도와주는 일에 저를 사용하여 주소서. 제가 여기 있나이다. 저를 보내소서. 아멘.

2
뿌 리

그러나 무릇 여호와를 의지하며 여호와를 의뢰하는
그 사람은 복을 받을 것이라.
그는 물가에 심기운 나무가 그 뿌리를 강변에 뻗치고
더위가 올지라도 두려워 아니하며
그 잎이 청청하며 가무는 해에도 걱정이 없고
결실이 그치지 아니함 같으리라.
예레미야 17:7-8

직장 여성의 영적 생활 일기

잠깐 멈추어서…

* 그리스도 안에 뿌리를 내렸나 다시 한번 점검합시다.
* 그리스도 안에 내린 뿌리를 공격하는 직장 내의 압력에 주의합시다.
* 영적 뿌리를 견고히 내릴 수 있는 길을 모색합시다.

언뜻 보기에는 여느 어린 나무와 다름이 없었습니다. 로키 산맥의 콜로라도 파이크 국립 공원에 있는 수백만 그루의 소나무 중의 단지 하나라고 생각되었습니다. 키는 고작 90㎝밖에 되지 않아 보였고, 여린 줄기는 직경이 채 3㎝도 되지 않았습니다. 그러나 화살처럼 곧바른 모양이 특이했습니다. 작은 가지에는 두툼하고 기다란 바늘 모양의 잎이 가득 나 있었는데, 잘 자라나는 나무에서나 볼 수 있는 산뜻한 푸른색을 띠고 있었습니다.

놀랍게도 이 나무는 트랙터 바퀴 크기만 한 큰 화강암 덩어리에 생긴 작은 틈새에 있는, 식탁용 큰 스푼 하나 정도 되어 보이는 진흙 위에서 자라고 있었습니다. 게다가 그 화강암은 해발 2,400m나 되는 바위산 정상에 있었습니다. 내가 그 정상에 있던 날은 특히나 바람이 세게 불었습니다. 너무나 세게 불었기 때문에 그 나무 주위에 있는 바위 덩이 위에 올라설 수도 없었습니다.

뿌 리

사실, 바람에 날리지 않으려고 웅크리고 있어야 했습니다. 세찬 바람은 작은 나무를 무참하게 채찍질하였습니다. 바람 때문에 그 나무는 바위에 눕다시피 구부러지기도 하였습니다. 그러나 바람이 조금이라도 잔잔하여지면 이내 나무는 다시 꼿꼿하게 일어섰습니다.

강한 바람이 지나가고 나니 곧바로 뜨거운 햇볕이 내리쬐었습니다. 너무나 뜨거워 머리가 달아오르고 얼굴이 화끈거렸습니다. 그러나 뜨거운 햇빛도 바람처럼 그 작은 나무에는 별다른 영향을 주지 못했습니다. 바늘 모양의 푸르른 잎은 조금도 마르거나 바래는 기색이 없었습니다. 이 작은 나무가 당돌하게도 최악의 조건을 조성하고 있는 바람과 태양에 대항하고 있는 것처럼 보였습니다. 어떤 상황이 닥쳐와도 뿌리가 자기를 견고히 서 있게 해 줄 것이라는 강한 확신이 드러나 보였습니다.

한동안 나는 그 나무에서 눈길을 돌릴 수 없었습니다. 주위의 강한 영향력에도 불구하고 꼿꼿이 버티고 있는 그 작은 나무의 놀라운 능력도 생각 속에서 떨쳐 버릴 수 없었습니다. 이 세상의 직장에서 살고 있는 당신과 나 같은 직장 여성에게 무엇인가 교훈을 주고 있음을 알 수 있었습니다.

그 나무처럼, 우리는 주위 환경에서 가해지는 강한 힘을 느낍니다. 그리스도인이기 때문에 우리는 그리스도 안에 내린 우리의 뿌리를 뽑으려는 악한 영향력을 직장 내에서 경험하게 됩니다. 세상의 기준에 순응하라는 압력, 다른 사람의 행동이나 의견이 올바르지 않다는 것을 알고도 따라 하고 싶은 유혹, 하나님 안에 있는 부요함을 추구하기보다는 세상의 재물을 추구하려는 욕망, 무조건적인 사랑을 나누는 관계가 아니라 조건적이며 자기 유익을 구하는 관계를 맺고 살려는 생각 등이 우리를 공격합니다.

성경은 뿌리를 견고히 내리는 것에 대하여 여러 곳에서 반복하여 도전을 합니다. 세상의 악한 영향력 가운데서 그리스도 안에 견고히 닻을 내리라는 말입니다. 사도 바울은 에베소 성도들에게 "너희가 사랑 가운데서 뿌리가 박히고 터가 굳어져서"라고 말합니다(에베소서 3:17). 오늘 이 장의 첫머리에서 선지자 예레미야가 말한 것처럼, 시편 기자도 경건한 사람을 다음과 같이 비유하고 있습니다. "저는 시냇가에 심은 나무가 시절을 좇아 과실을 맺으며 그 잎사귀가 마르지 아니함 같으니"(시편 1:3). 예수님께서도 뿌리를 견고히 내리는 것에 대하여 말씀하셨습니다. "바위 위에 있다는 것은 말씀을 들을 때에 기쁨으로 받으나 뿌리가 없어 잠깐 믿다가 시험을 받을 때에 배반하는 자요"(누가복음 8:13).

우리 스스로의 힘만으로는 직장 내에서 그리스도의 본을 따라 살며 그분의 메시지를 전달할 수 없습니다. 업무상 인간관계 속에서 일어나는 갈등과 긴장을 해소하기에는 우리의 사랑은 너무도 부족합니다. 매일매일의 실망스런 일을 은혜로운 마음으로 견뎌 내기에는 우리의 인내심은 부족하기 짝이 없습니다. 시간도 모자라고 에너지도 고갈되었을 때 다른 사람의 필요에 우선순위를 두기에는 우리의 긍휼은 너무도 제한되어 있습니다. 좀 더 많은 돈과 높은 지위가 있으면 행복해질 것이라고 하는 직장 세계의 신조에 굴복하지 않기에는 유혹에 대한 우리의 저항력이 너무도 약합니다. 그리스도 안에 견고히 뿌리를 내리지 않는다면, 결국 말라 버리고 세찬 바람에 뽑히며, 한때 우리가 그리스도를 드러내며 살았던 곳이 텅 빈 곳으로 바뀌게 될 것입니다.

그러면 어떻게 우리의 뿌리를 견고히 할 수 있겠습니까?

뿌 리

* 매일 하나님의 말씀을 마음속에 가득 채우고 출근한다. 즉, 성경을 읽고 주님과 교제하는 시간을 가진 후에 하루를 시작한다.
* 일하는 동안에 하나님의 함께하심을 깨어 기억하는 방법을 개발한다.
* 직장 내에서 문제에 부닥쳤을 때 "예수님이시라면 어떻게 하셨을까?"라는 간단한 질문을 해 봄으로써 스스로에게 도전을 한다.
* 다른 사람을 그리스도의 시야로 보는 연습을 함으로써 그들의 단점보다는 그들 나름대로의 독특한 은사와 깊은 필요를 볼 수 있도록 한다.

우리는 영적 뿌리를 견고히 하도록 부르심을 받았습니다. "그러므로 너희가 그리스도 예수를 주로 받았으니 그 안에서 행하되 그 안에 뿌리를 박으며 세움을 입어 교훈을 받은 대로 믿음에 굳게 서서 감사함을 넘치게 하라"(골로새서 2:6-7). 당신은 일상생활을 하면서 어떻게 영적 뿌리를 견고히 내리고 그리스도 안에 당신을 굳게 세우겠습니까?

기 도

하나님, 제가 주님 안에 견고히 뿌리를 내리도록 도와주소서. 저는 너무도 약하여 세상 풍파에 흔들리기 쉽습니다. 올바른 길보다는 쉬운 길을 택하며, 그리스도를 닮은 생각과 말보다는 부정적인 생각과 은혜롭지 못한 말을 하고, 다른 사람이 나를 어떻게 생각할까 하는 걱정 때문에 마음이 흔들려 외톨이가 되지 않으려고 그들을 따릅니다. 만약 그 작고 작은 소나무가 강렬한 태양과 사나운 바람을 견뎌 낼 수 있다면, 분명 주님의 도움을 입고 있는 저도 직장 내에서 주님 편에 당당히 설 수 있을 것입니다. 저를 도와주소서. 아멘.

3
영향력

이같이 너희 빛을 사람 앞에 비취게 하여
저희로 너희 착한 행실을 보고
하늘에 계신 너희 아버지께 영광을 돌리게 하라.
마태복음 5:16

> ### 잠깐 멈추어서…
>
> * 우리가 세상에 어떤 영향력을 줄 수 있는지 생각해 봅시다.
> * 당신이 그리스도를 대신하여 변화의 주역으로 살고 있음을 기억합시다.

조안은 초등학교 1학년을 가르치는 선생님입니다. 최근 그 지역 학군에서 실험적인 교수법을 다음 학기에 적용하기로 하면서 극소수의 교사를 뽑았는데, 조안도 선발되었습니다. 이 프로그램을 통하여 조안을 비롯한 다른 선생님들은 학습이 부진한 아동들에게 개인적인 관심을 가지고 일대일로 가르치게 됩니다. 이 방법을 채택한 다른 학군에서는 이 프로그램이 학생들의 발전에 성공적인 기여를 했습니다.

조안은 이 계획에 참여하게 된 것을 몹시 기뻐하였습니다.
"이 프로그램을 통하여 아이들에게 실제적인 영향력을 끼칠 기회를 얻었다고 생각합니다"라고 조안은 말했습니다. "매일매일 교실에서 학생들을 가르치지만 부진한 학생들의 변화에 기여하는 것이 별로 없다는 생각이 들 때가 종종 있습니다. 이런 학생들은 1학년 과정을 되풀이해야 하는데, 곧바로 2학년에 올라가는 경

영향력

우에는 학업 성적이 그리 좋지 않습니다. 아마도 이 프로그램을 통하여 학생들의 변화에 실제적인 도움을 줄 수 있을 것입니다."

조안은 교육, 의료, 사회사업, 혹은 여러 가지 기독교 사역에 참여하고 있는 다른 그리스도인 여성들과 같은 처지에 있습니다. 무엇보다도 우리는 영향력을 끼치고 싶어 합니다. 고난받고 실망하며 사회적 병폐로 인한 피해를 입는 사람들을 우리 주위에서 많이 볼 수 있습니다. 우리는 그들을 진정으로 돕고자 합니다.

그리스도인은 영향력을 끼치도록 부르심을 받았습니다. 악하고 상처 입은 세상에 선한 것을 가져오며, 주위를 변화시키도록 부름을 받은 것입니다. 우리는 때때로 조안처럼 비정상적인 것들 속에서 압도당하고 있다는 느낌을 받습니다. 악의 세력과 실망의 위력은 우리가 감당하기에는 너무도 강력합니다. 우리의 조그만 노력은 우리를 지치게만 할 뿐이며 세상에 조금도 영향력을 끼치지 못하는 듯합니다. 그럼에도 성경은 우리에게 절대 포기하지 말라고 합니다. "우리가 선을 행하되 낙심하지 말지니 피곤하지 아니하면 때가 이르매 거두리라"(갈라디아서 6:9).

영향력을 끼칠 수 있는 기회는 교육이나 전임 사역과 같은 일에만 국한되지 않습니다. 당신의 삶에 긍정적이면서 강한 영향력을 끼치고 있는 사람이 있습니까? 부모님입니까? 당신의 삶이 산산조각이 날 때 함께해 준 친구입니까? 세심하고 관대한 태도를 보여 줌으로써 직장에서 보내는 당신의 하루를 빛나게 해 준 동료입니까? 당신의 일에서 최대의 유익을 얻도록 사심 없는 배려를 해 준 직장 상사입니까?

세상에 영향을 주기 위해 꼭 직업을 바꿀 필요는 없습니다. 하루 혹은 한순간이라도 삶의 질을 변화시키는 것으로도 가능할 수 있습니다. 고된 하루 일과를 끝내고 식료품 가게에 들렀을 때 항상 밝은 미소로 맞이해 주는 점원은 어떻습니까? 당신이 당한 기쁨이나 슬픔을 함께 나누려고 항상 준비된 태도를 보이는 친구는 어떻습니까? 초과 근무 때문에 죽을 지경이라고 생각하고 있는데 "수고하십니다"라고 말해 주는 사장님은 어떻습니까? 매일매일 일어나는 문제들을 성경적인 관점으로 바라볼 수 있도록 도와주는 그리스도인 친구는 어떻습니까?

예수님께서는 만나는 모든 사람에게 영향력을 끼치셨습니다. 우리도 이런 예수님을 본받으려는 목표를 세운다면 그렇게 할 수 있습니다.

당신의 삶에서 변화를 일으킬 수 있는 곳은 어디입니까? 직장, 이웃, 교회, 동호회 등 당신 주위를 둘러보십시오. 고통, 불확실성, 절망, 혼돈, 분노, 증오와 같은 것에 붙잡힌 사람들이 우리들 모두의 주위에 있습니다. 긍정적인 변화를 일으키기 위한 기회는 그리 멀리 보지 않아도 주위에 많이 널려 있습니다.

변화를 일으키는 사람이 되라는 것은, 사랑을 받고 있지 못할 뿐만 아니라 사랑받지 못할 사람이라고 생각하는 사람에게 그리스도의 사랑과 용납을 보여 주는 것일 수도 있습니다. 해고당한 사람에게 직장을 찾도록 도와준다든지, 가족 중의 한 사람이 아프거나 다친 집 사람들에게 빵을 구워다 주는 것도 한 예가 될 수 있습니다. 또한 상을 당한 친구를 위로하며 영생에 대한 하나님의 약속으로 격려해 줄 수도 있습니다. 다루기 힘든 아이나 성을 잘 내는 동료를 인내심을 가지고 대하거나, 당신이 잘해 놓은 일을 가지고 다른 사람이 칭찬을 받을 때 이를 기꺼이 양보하는 태도를 갖는 것일 수도 있습니다. 혹은 집이 없는 사람들에게 안

영향력

식처를 마련하도록 도와주는 것일 수도 있습니다.

변화를 일으키는 것은 또한 한순간일지라도 삶의 질을 향상시키거나, 혹은 개인의 역사의 방향을 바꾸는 것일 수도 있습니다. 사람들이 자기 자신, 다른 사람, 장래, 혹은 그들의 삶에 진정으로 중요한 것 등에 대하여 생각하고 느끼는 방식을 변화시키도록 도울 수도 있습니다.

우리의 능력을 넘어서는 과도한 시도를 하지 않고서도 우리는 그리스도를 대신하여 변화를 일으킬 수 있습니다. 우리 각자는 다른 사람에게 변화를 일으키도록 독특하게 무장되었습니다. 그리고 하나님께서는 우리에게 저마다 다른 일을 맡기십니다. 우리의 책임은 하나님의 추수 터에서 부지런하고 충성되이 일하며 하나님의 인도하심을 의뢰하는 삶을 사는 것입니다.

기 도

하나님, 이 세상에 변화를 일으키는 데에 주님께서 저를 사용하실 수 있다는 생각을 하면 마음에 활기가 넘칩니다. 주님께서 제게 주신 은사와 환경과 자원을 이용하여 다른 사람의 삶에 영향을 끼칠 수 있도록 오늘뿐만 아니라 매일과 같이 도와주시기를 구하옵나이다. 아멘.

직장 여성의 영적 생활 일기

4
여기 책임자가 누구죠

사람이 무엇이관대 주께서 저를 생각하시며
인자가 무엇이관대 주께서 저를 권고하시나이까?
주의 손으로 만드신 것을 다스리게 하시고
만물을 그 발아래 두셨으니.
시편 8:4,6

직장 여성의 영적 생활 일기

> ### 잠깐 멈추어서…
>
> * 우리의 삶을 좌우하는 것이 무엇인지 묵상해 봅시다.
> * 우리에게 주어진 자원을 올바로 사용하는 법을 생각해 봅시다.
> * 하나님께 우리가 가진 모든 자원에 대한 통치권을 드리는 태도를 계발합시다.

다음에 열거한 것들의 공통점은 무엇입니까?

시계	컴퓨터	달력	회사
칼로리	집안일	자동차	광고

만약 이것들이 모두 문명화된 사회의 특징이라고 대답한다면 어느 정도 일리가 있습니다. 그러나 나는 이것들이 때때로 어떤 형식으로든 우리의 일상생활을 **통제**하고 있다는 점이 공통점이라 생각합니다.

예를 들어 봅시다. 시계는 우리가 어떤 일을 얼마 동안 해야 하는지를 명령합니다. 언제 떠나야 하며, 목적지까지는 얼마가 걸리며, 언제 일을 끝내야 하는지를 명령합니다. 컴퓨터는 차량 월부금, 신용 카드 사용액, 그리고 빚진 것을 언제 얼마나 갚아야

여기 책임자가 누구죠

할지를 명령합니다. 우리가 다니는 회사는 근무 시간 안에 일을 마치라고 하며, 얼마만큼의 급여를 줄 것인지를 통해 우리를 좌우합니다. 라디오와 텔레비전 광고는 무엇을 사며, 어떻게 꾸미고, 가족들에게 어떤 음식을 사 주어야 할지를 명령합니다. 그리고 집안일이 있습니다. 집안일은 마치 먹구름처럼 끊임없이 우리에게 다가오는 것임을 우리는 잘 알고 있습니다. 우리를 통제하는 것은 이외에도 수없이 많아 보입니다!

우리의 삶에서 마음대로 할 수 있는 것이 하나도 없다고 느끼는 것도 당연합니다! 우리가 이런 것을 통제하고 있어야만 한다는 생각이 어렴풋이 있지만, 한편으로는 우리가 직업, 일정, 방송 매체, 사회단체, 은행 계좌, 그리고 심지어는 교회나 지역 사회의 모임이나 동호회의 요구에 마냥 따라가는 것처럼 보입니다.

인간이 자신들이 만든 피조물에 의해 명령을 받고 조종되는 것은 분명 하나님께서 원하시는 것이 아닐 것입니다. 하나님께서는 자녀인 우리가 이 세상의 모든 것을 통치하도록 계획하셨습니다(창세기 1:26). 하나님의 약속은 "모든 일에 우리를 사랑하시는 이로 말미암아 우리가 넉넉히 이기는" 것입니다(로마서 8:37).

아침에 일어나 하루를 시작할 때 당신은 여왕이나 정복자처럼 느낍니까? 아니면 다른 사람이 지배하는 왕국의 천한 종으로서 아무런 권세도 가지고 있지 않은 것처럼 느껴집니까? 통치한다는 느낌보다는 통치받는다는 느낌이 더욱 강해지게 된 계기는 무엇입니까? 어느 시점에선가 우리는 세상의 유익을 얻기 위하여, 우리가 날 때부터 가지고 있는 신분을 포기해 버린 것은 아닙니까?

나는 그렇게 생각하지 않습니다. 하나님께서 주신 절대적인 권세를 고의적으로 다른 것으로 바꾸었다고 생각하지는 않습니다.

대신에 우리가 더 많은 책임을 맡으면서, 우리 삶에 영향력을 주는 것들이 조금씩 파고들도록 방치함으로 우리의 권세가 점점 침식되었다고 생각합니다. 우리는 다른 사람의 의견이나 바라는 바를 우리의 삶에 가장 기본적이며 우선적인 가치관으로 삼았습니다. 균형 잡힌 삶을 추구하는 것보다는 직장에서의 압력이 우리를 압도하도록 했습니다. 물질적인 소유를 더 많이 가지고 싶은 욕구가 직업과 삶의 방식을 좌우하게 되었습니다. 하나님께서 우리에게 주신 권세를 잃는 것은 점진적으로 일어났습니다. 우리가 통치하고 있다는 느낌보다는 통치받고 있다는 느낌을 점점 더 많이 받게 되었습니다.

우리의 삶에 대한 권세를 회복하려면 우리 삶의 모든 영역을 하나님의 통치 아래에 두며 우리의 삶에서 그리스도의 주재권을 다시 인정하겠다고 결심해야만 합니다. 왜냐하면 우리는 이 세상에 대한 통치권을 가지고 있으며, 이는 오직 하나님께서 우리에게 그러한 권세를 주기로 하셨기 때문입니다. 하나님을 떠나서는 우리를 통치하고자 위협하는 세상의 힘에 대항할 힘도 권세도 우리에게는 없습니다.

자연이든 혹은 컴퓨터 자동차와 같은 인간이 만든 것이든 우리를 둘러싸고 있는 모든 피조물은 단지 자원에 지나지 않습니다. 하나님께서 우리에게 쓰라고 주신 시간, 재능, 경험, 직업, 통찰력 등도 마찬가지입니다. 이런 모든 것은 우리의 선택에 따라 쓰이기도 하고 쓰이지 않기도 합니다. 이들은 단지 도구일 뿐입니다. 이것들의 통치를 받느냐 아니면 우리가 통치하느냐는 바로 우리에게 달린 문제입니다. 우리가 이 우주 속에서 어떤 위치를 차지하고 있는가를 얼마나 알고 있느냐에 달려 있습니다.

여기 책임자가 누구죠

오직 우리 자신을 하나님의 자녀가 아니라 단지 세상의 종으로 바라보게 될 때, 우리는 통치자로서 살기보다는 통치를 받으며 살게 됩니다. 하나님께서 지으신 가장 위대한 피조물로서 모든 권위를 상속받았으며, 이로 말미암아 이 세상뿐만 아니라 오는 세상에서도 그분의 세계를 다스리도록 하나님의 능력을 힘입고 있다는 사실을 믿을 때, 우리는 이 세상의 자연적인 자원이든 인간이 만든 자원이든 모든 것을 하나님의 왕국의 유익을 위하여 사용할 수 있게 됩니다.

믿음 속에 담긴 신비로운 점 중의 하나는 우리가 이 하나님의 권위를 상속받으려면 반드시 먼저 섬김의 삶에 대한 그리스도의 명령을 받아들여야 한다는 것입니다. 우리는 전적으로 섬기는 일에 자기를 헌신할 때에야 비로소 통치권을 부여받습니다. 그러나 우리의 권세는 분명합니다. "더욱 은혜와 의의 선물을 넘치게 받는 자들이 한 분 예수 그리스도로 말미암아 생명 안에서 왕 노릇 하리로다"(로마서 5:17).

기 도

주님, 저는 주님의 자녀로서의 저의 신분을 주장하고 싶습니다. 이 세상에서 주님을 대표하는 신분입니다. 세상의 영향력, 여러 압력, 단조로운 일상생활, 비현실적 기대, 그리고 그리 중요하지 않은 여러 요구에 의해 지배당한다는 느낌에서 자유롭게 되도록 도와주소서. 제가 섬길 수 있도록 도와주소서. 그리하여 제가 주님과 함께 왕 노릇 하게 하소서. 아멘.

직장 여성의 영적 생활 일기

5
할 일이 너무 많아요

주께서 대답하여 가라사대,
"마르다야, 마르다야, 네가 많은 일로 염려하고 근심하나
그러나 몇 가지만 하든지 혹 한 가지만이라도 족하니라.
마리아는 이 좋은 편을 택하였으니 빼앗기지 아니하리라"
하시니라.

누가복음 10:41-42

> ### 잠깐 멈추어서…
>
> * 자기 일에 분주한 것과 하나님의 일을 열심히 하는 것의 차이를 생각해 봅시다.
> * 하나님께서 우리에게 주신 할 일을 분명히 이해하도록 합시다.

당신은 할 일 목록을 사용하십니까? 수년 동안 배운 바로는, 가정에서든 직장에서든 할 일 목록을 사용하는 것은 마감 기한을 놓치지 않고 꼭 해야 할 일을 하는 데 도움이 되는 좋은 방법이었습니다.

가정주부이면서 직장 여성인 경우에 전형적인 할 일 목록은 다음과 같을 것입니다.

* 동물 병원에 고양이를 데려갈 것
* 메리 아줌마에게 건강 회복 축하 카드 발송
* 계좌 정리 문제로 은행에 전화
* 장보기
* 성경공부 복습
* 세탁기 수리 요청

할 일이 너무 많아요

＊ 화요일 모임 때 입을 블라우스 다리기

그런데 이 일들을 퇴근 후 1시간 안에 다 해야 합니다!

우리 모두에게 익숙한 상황처럼 들리지 않습니까? 더욱 놀라운 것은, 어떤 날이든 우리들 대부분은 위와 같은 일 이외에도 직장에서 여덟 시간의 일을 더 해야 한다는 것입니다. 물론 직장에서도 나름대로의 할 일 목록이 있습니다.

우리에겐 할 일이 너무나 많습니다. 성경에 나오는 마르다와 너무나도 흡사한 상황에 처하는 것을 자주 경험하곤 합니다. 성경을 보면 마르다는 예수님을 접대하기 위한 준비를 하느라 긴장을 많이 느낀 것 같습니다. 장담컨대 수십 미터에 달하는 할 일 목록을 가지고 있었을 것입니다. 마르다는 준비하는 일이 많아 마음이 분주했습니다(누가복음 10:40). 사실 마르다는 해야 할 일에 압도되어 심한 압박감을 느꼈기 때문에 자기를 전혀 도와주지 않는 마리아를 명하여 자기를 도와주게 해 달라고 예수님께 청하기까지 했습니다. 마리아는 예수님 곁에 앉아 그분의 말씀을 듣고 있었습니다.

예수님께서는 마르다를 훈계하셨는데, 이는 과도히 바쁘게 살고 있는 우리들에게 하시는 훈계와 같습니다. "네가 많은 일로 염려하고 근심하나 그러나 몇 가지만 하든지 혹 한 가지만이라도 족하니라"(누가복음 10:41-42). 마리아는 좋은 것 한 가지를 택했습니다. 바로 예수님의 발아래 앉아 주님의 말씀을 듣는 것이었습니다.

때로 우리는 바쁘게 사는 것이 경건한 삶이라고 착각합니다. 가족을 사랑하기 때문에 가족을 위해 발이 닳도록 열심히 뛰고 있다면 하나님의 뜻을 행하고 있는 것이라고 생각합니다. 우리가 직장에서 지속적으로 초과 근무를 한다면 이는 근면하고 성실하다는 것을 보여 주는 것이기 때문에 하나님의 뜻을 행하고 있는 것이라고 생각합니다. 교회에서 어떤 요청을 받을 때 항상 승낙한다면 우리는 하나님의 뜻을 충실히 실행하고 있다고 믿습니다.

그러나 실제로는 그렇지 않은 것 같습니다. 이 모든 일을 다 하려고 하는 것은 우리 안에 있는 마르다와 같은 본성 때문일 수도 있습니다. 그리고 때로 분주한 마르다가 우리 안에 있는 마리아를 팔꿈치로 칩니다. 우리 안에 있는 마리아는 우리가 조용히 쉬며 예수님의 말씀에 귀를 기울이고, 주님의 부드럽고 확신을 주는 목소리를 듣기 원합니다. 또한 우리가 무엇을 해야 할지 모를 때 격려가 가득한 주님의 인도하심을 감지하며, 우리가 사랑받지 못하며 사랑을 받을 만한 사람도 아니라고 느낄 때 주님의 사랑스런 손길을 느끼고, 우리가 죄를 지었을 때 주님의 분명한 용서를 알기 원합니다. 우리 안에 있는 마리아는 우리가 유혹을 당할 때 그분의 힘 있는 약속을 찾으며, 지혜가 부족할 때 지혜를 후히 주시고 꾸짖지 아니하시는 주님께로 향하게 합니다. 그러나 해야 할 많은 일로 인하여 우리 안에 있는 마르다와 같은 본성이 활개를 치면, 우리는 주님께 귀를 기울이지 못합니다.

물론 우리는 아무것도 하지 않고 뒤로 물러나 우리가 해야 할 많은 일들을 무시하고 앉아 있을 수는 없습니다. 날마다 우리의 삶을 유지하기 위하여 필요한 일은 해야만 합니다. 다른 사람을 돌보고, 직장에서는 해야 할 일을 성취해야만 합니다. 그럼에도 우리는 우리 자신의 할 일 목록보다는 성경에서 보여 주는 할 일 목록에 좀 더 우선순위를 두어야 할 필요가 있습니다. 실행하기

할 일이 너무 많아요

에도 불가능한 기다란 할 일 목록을 가지는 대신에, 하나님의 말씀에 따라 우리 앞에 있는 일들의 우선순위를 정할 필요가 있습니다. 그리 중요하지 않은 일들은 제외시키고 우리에게 진정으로 중요한 것들로 대체해야만 할지도 모릅니다.

예를 들어 예수님께서 우리에게 주신 할 일 목록은 그리 길지 않습니다(마태복음 22:37,39). 사실상 두 가지만이 담겨 있을 뿐입니다.

* 마음을 다하고 목숨을 다하고 뜻을 다하여 주 하나님을 사랑하라.
* 이웃을 자기 몸과 같이 사랑하라.

그리고 신명기 10:12-13에 나오는 할 일 목록은 어떻습니까?

* 하나님을 경외하라.
* 하나님의 모든 도를 행하라.
* 하나님을 사랑하라.
* 마음을 다하고 성품을 다하여 하나님을 섬기라.
* 하나님의 명령과 규례를 지키라.

성경은 매일매일 우리의 삶을 꾸려 가는 데에 도움이 되는, 영광스럽고 영감이 넘치며 무한한 도전 거리가 되는 일들을 수없이 보여 줍니다. 예를 들면, 신명기 11:18-21, 시편 15편, 그리고 로마서 12:9-21에는 하나님께서 우리에게 원하시는 삶의 방식이 자세히 나와 있습니다. 이런 할 일 목록에 최우선순위를 둠으로써 우리는 세상의 할 일을 통제할 수 있게 되며, 초점을 잃지 않게 됩니다. 우리가 이를 행할 때 우리가 진정으로 갈망하는 삶에 더욱 가까이 다가갈 수 있을 것이며, 이것이 바로 하나님께서 우리에게 원하시는 것입니다.

기 도

주님, 제 안에 있는 마르다와 마리아의 균형을 맞출 수 있게 도와주소서. 제게 분별력을 주셔서, 많은 할 일 때문에 제 시야가 주님에게서 흐트러지는 때를 깨닫게 하여 주소서. 제게 안정된 심령을 주셔서 제가 할 일이 얼마나 많든 간에 주님의 목소리에 귀를 기울일 수 있게 하여 주소서. 아멘.

6
잊었는데요

네가 먹어서 배불리고
아름다운 집을 짓고 거하게… 될 때에,
두렵건대 네 마음이 교만하여
네 하나님 여호와를 잊어버릴까 하노라.
신명기 8:12-14

잠깐 멈추어서…

* 하나님께서 우리에게 베푸신 은혜를 기억합시다.
* 하나님 중심으로 감사하는 태도를 계발합시다.
* 하나님께서 주신 능력에 대한 영적인 청지기 직분을 지킵시다.

당신은 기억력이 얼마나 좋습니까? 여기에 시험 문제의 예가 있습니다.

1. 현재 자동차 열쇠는 어디 있습니까?
2. 초등학교 3학년 때의 학교 이름은 무엇입니까?
3. 회사 상사의 생일은 언제입니까?
4. 지난번에 얼마짜리 피자를 먹었습니까?
5. 면허증 번호는 몇 번입니까?
6. 도서관 출입증의 만기일은 언제입니까?
7. 일본의 진주만 기습은 몇 년도입니까?
8. 고등학교 2학년 때의 국어 선생님 성함은 무엇입니까?
9. 로스앤젤레스 올림픽은 몇 년도에 개최되었으며, 마스코트는 무엇이었습니까?

10. 재작년 휴가는 어디로 다녀왔습니까?
11. 내일은 어떤 약속이 있습니까? 내일이 마감인 일은 무엇입니까? (달력을 보면 안 됩니다.)
12. 가장 최근에 직장 동료와 점심을 먹으러 간 때는 언제입니까? 무엇을 주문했습니까?

얼마나 맞추셨습니까? 확실히 대답할 수 있었던 항목마다 점수를 주어 채점을 해 보십시오.

확실히 대답할 수 있었던 질문과 그렇지 못했던 질문을 살펴보십시오. 국어 선생님의 성함은 기억하지만 자동차 열쇠의 위치는 모르겠습니까? 면허증 번호는 기억하지만 상사의 생일은 기억할 수 없습니까? 친구와 어떤 음식을 먹었는지는 기억할 수 있지만 내일 어떤 약속이 있는지는 기억할 수 없습니까?

우리는 모두 선택적으로 기억합니다. 어떤 것은 다른 것보다 훨씬 더 잘 기억합니다. 이는 우리가 여러 정보들을, 중요하다고 생각하는 것과 가끔 기억해도 될 것과 어떤 정보를 기억하기 위해서 단서가 되는 것과 그 외의 것 등으로 나누기 때문입니다. 예를 들어, 나는 휴가를 노스캐롤라이나로 간 것을 기억합니다. 왜냐하면 그곳에서 멋진 액자에 든 기념 카드를 구입했기 때문입니다.

그러나 영적인 관점에서 보면 인간은 참으로 잊기를 잘합니다. 잊어버리기를 잘하는 인간의 본성이 성경 이곳저곳에 반복되어 나타나고 있다는 것은 흥미롭기까지 합니다. 특별히 하나님께서 우리를 위하여 해 주신 것과 연관해서는 잊어버리는 것이 참으로 많습니다. 대부분의 시간을 직장에서만 보내고 있을 때에 잊기가 더욱 쉽습니다. 직장에서는 대개 인간이 쌓아 놓은 업적에만 관심이 가기 때문입니다.

직장에서는 사람들이 수고한 결과가 돈으로 나타납니다. 그리고 사람들은 그에 따라 보상을 받습니다. 회사가 당신에게 기대하는 일을 행하면 당신은 보수를 받습니다. 만약 당신이 특별히 능력이 있고 헌신된 사람이라는 것을 보여 주면 그 보상으로 승진을 하게 됩니다. 보통을 뛰어넘는 노력을 보이면 당신은 보너스 또는 상을 받거나 다른 종류의 인정을 받게 됩니다. 이 모든 것이 인간의 노력에 달려 있기 때문에 우리는 현재 소유하거나 성취한 것 혹은 쌓아 놓은 모든 것이 마치 우리 자신의 힘으로 된 것처럼 믿기가 쉽습니다.

하나님께서는 바로 이런 위험을 이스라엘 자손에게 경고하셨습니다. "네가 마음에 이르기를 '내 능과 내 손의 힘으로 내가 이 재물을 얻었다' 할까 하노라. 네 하나님 여호와를 기억하라. 그가 네게 재물 얻을 능을 주셨음이라"(신명기 8:17-18).

직장 생활을 하는 그리스도인으로서 우리는 위와 같은 인간적인 사고방식으로 둘러싸인 환경 속에서 하나님의 은혜를 기억하며 살아야 한다는 도전을 받습니다. 성취한 것이 있다면 이것이 우리 자신의 힘으로 된 것이라고 생각하기보다는 하나님께서 우리를 위하여 해 주신 것임을 기억해야만 합니다.

하나님의 은혜임을 기억하라는 이 도전은 영적인 청지기 직분과 밀접한 관계가 있습니다. 하나님께서는 그분의 영광을 위하여 또한 우리의 삶에 필요한 것을 채우도록 하기 위하여 우리에게 재능과 능력을 주셨습니다. 직장은 바로 우리가 하나님께 받은 것을 사용하는 장소입니다. 그러나 주위의 많은 사람들은 우리의 재능과 기술의 진정한 근원이 무엇인지 잘 알지 못합니다. 그들은 우리가 어떤 일에 뛰어나다고 생각합니다. 그들은 이러한 우리의 능력에 따라 보상을 합니다. 그러나 우리의 능력이 하나님께로부터 온 것이며 우리에게서 난 것이 아님을 기억하는 영적 시야를 유지하는 것은 우리에게 달려 있습니다.

감사하는 태도를 계발하는 것은 일의 성취에 관심이 쏠려 있는 분위기 가운데서 균형 잡힌 시야를 갖는 데에 도움이 됩니다. 하나님께서 우리 능력의 진정한 근원이심을 인정함으로써 우리가 성취한 것이나 우리 자신의 능력을 과대평가하는 함정을 피할 수 있습니다.

영적인 훈련을 할 수 있는 방법을 하나 소개합니다. 다음번에, 일을 잘했다고 하는 칭찬을 다른 사람에게 듣거나, 혹은 당신이 생각하기에 대단하거나 긍지를 느낄 만한 과업 하나를 끝냈을 때, 잠시 앉아서 그러한 능력과 더불어 그 일을 할 수 있는 기회를 허락하신 하나님께 감사하는 시간을 가지십시오. 당신의 성취를 주님께로 돌리십시오. 이것이 바로 당신에게 능력을 주신 하나님께 합당한 보답이 될 것입니다.

기 도

하나님, 제게 일을 할 수 있는 능력과 기회를 주심을 감사드립니다. 주님께서 제게 주신 자원을 최선을 다해 사용한 것뿐임을 깨닫고 제가 한 일을 항상 주님 앞에 드릴 수 있도록 도와주시옵소서. 아멘.

직장 여성의 영적 생활 일기

제 2 부

즐거운 직장 생활을 위하여

직장 여성의 영적 생활 일기

7
참, 그게 필요한데

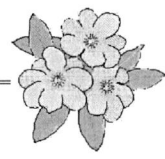

평강의 하나님이 모든 선한 일에
너희를 온전케 하사 자기 뜻을 행하게 하시고
그 앞에 즐거운 것을
예수 그리스도로 말미암아
우리 속에 이루시기를 원하노라.
히브리서 13:20-21

> ### 잠깐 멈추어서…
>
> * 직장에서 그리스도를 드러낼 준비가 되었는지 점검해 봅시다.
> * 직장이라는 환경 속에서 어떻게 하나님께 쓰임받을 수 있는지 생각해 봅시다.

지난해에 내가 일했던 사무실 건물에 화재가 나서 대부분의 것들이 불에 타 버렸습니다. 화재가 나던 날부터 이웃에 있던 은행에서 우리에게 호의를 베풀어 우리가 어느 정도 정리가 될 때까지 사무실로 쓸 수 있도록 공간을 마련해 주었습니다.

사무 집기도 비품도 없이 우리 회사 직원 모두는 은행에서 빌려 준 곳에 모여 있었습니다. 그야말로 모든 것이 잿더미로 변했기 때문에, 필기구도, 컴퓨터도, 계산기도 없었고, 전화기, 캐비닛은 물론 사무에 쓸 종이도 한 장 없었습니다.

그 후 며칠 동안 우리는 은행과 여러 후원자의 도움을 입어 정상 업무로 돌아가기 위한 준비를 하였습니다. 그러나 아무런 비품이나 집기도 없이 업무를 시작하려던 첫째 날은 그때까지 경험해 보지 못했던 새로운 도전의 날이었습니다.

크든 작든 일을 하려면 그 일이 잘되도록 하기 위한 장비가 필요합니다. 다리미와 드라이클리닝 기계와 세탁기와 건조기를 갖춘 조그만 세탁소든, 섬세하고 복잡한 레이저 치료기를 갖춘 종합병원이든 간에, 일을 하려면 필요한 장비가 잘 갖추어져야 합니다.

에베소 교회의 사람들에게 보낸 바울의 편지에는 그리스도인이 세상의 세력과 대항하여 싸우기 위하여 갖추어야 할 장비들이 나와 있습니다. 그 종류를 살펴보면, "진리의 허리띠", "의의 흉배", "믿음의 방패", "구원의 투구", "성령의 검" 등입니다(에베소서 6:14-17).

직장에서 일하는 그리스도인 여성에게 필요한 것은 무엇이겠습니까? 우리 주위에 있는 사람들에게 그리스도를 효과적으로 드러내기 위해서 필요한 장비는 무엇입니까? 다음과 같은 것들을 고려해 볼 수 있을 것입니다.

책장. 우리가 일하는 직장 내에는 하나님의 말씀을 위한 공간이 반드시 있어야 합니다. 어떤 일을 하든 성경은 우리의 지침서입니다. 성경은 근무 지침서나 직무 편람, 혹은 "비상시 조치 요령"이 담긴 조그만 책자보다 훨씬 중요합니다. 우리가 진정으로 주님을 위하여 직장에 다닌다면 반드시 우리 마음과 사무실 안에 하나님의 말씀을 위한 공간을 마련해 두어야 합니다.

저울. 우리는 말하고 행동하기 이전에 말할 것과 행동할 것을 신중히 달아 보아야 합니다. 말과 행동이 그리스도께서 보여 주신 본과 조화를 이루는 것입니까? 또한 하나님을 영화롭게 하며 다른 사람에게 유익을 주는 것입니까?

휴지통. 해묵은 마음의 상처, 늘 붙어 다니는 실망감, 지독한 좌절감, 그리고 우리의 마음을 어지럽히며 힘을 빼앗아 가는 일상생활의 짜증스러운 것들을 내버릴 수 있다면 우리는 한결 나아질 것입니다. 그리고 휴지통은 업무상의 관계에서 용서하지 않는 마음 때문에 생기는 긴장감을 처치해 버릴 수 있는 좋은 곳이기도 합니다.

거울. 우리 눈에 들보가 있는지를 점검함으로써 다른 사람의 단점이나 실수에 집착하는 잘못을 피할 수 있을 것입니다(마태복음 7:3).

우표. 믿지 않는 세상 사람들을 향한 그리스도의 편지로 살기 위해 우리는 성령에 의해 인침을 받을 필요가 있습니다(고린도후서 3:3). 우리를 통해 성령께서는 그리스도의 메시지와 그분의 생명을 우리 주위 사람들에게 전달하십니다. 우리는 함께 일하는 주위 사람들에게 희망을 주는 좋은 소식으로 가득 찬 편지입니까? 아니면 너무 바빠서 주님의 일을 할 수 없을 정도이기 때문에 "우편 요금 부족"이라고 찍힌 편지입니까?

돼지 저금통. 성경은 우리 수입의 일부를 하나님께서 쓰실 수 있도록 따로 떼어 놓으라고 명하십니다. 역사를 통하여 하나님께서는 가난하고 굶주리고 병들고 갈 곳 없는 사람들의 필요를 공급하라는 명령을 주님의 백성들에게 주셨습니다. 일할 수 있는 능력이 있는 우리들은 스스로의 능력으로 필요를 채울 수 없는 사람들을 도와야 하는 책임이 있습니다.

풍선. 매일매일 생기는 근심거리와 압력으로 인하여 우리는 밑으로 처질 때가 많습니다. 축 처진 우리의 마음을 고양시켜 줄 무엇인가가 필요합니다. 풍선은 우리가 "이 땅에서 나그네"이며(시편 119:19), 이 세상의 제한을 받지 않아도 되는 신분임을 기억하게 해 줍니다.

참, 그게 필요한데

계량컵. 그리스도인으로서 우리는 다른 사람들에게서 얼마나 취하고 있는가를 계산하기보다 다른 사람들에게 "후히 되어 누르고 흔들어 넘치도록" 주는 삶을 살아야 합니다(누가복음 6:38).

운동화. 우리는 항상 달려야 합니다. 하나님의 일은 긴급을 요하기 때문입니다. 다른 누군가가 나설 때까지 기다리거나 편한 시기를 택하거나 아니면 우리가 영적 거인이나 성경에 박식한 사람이 되어 모든 답을 알 때까지 기다릴 여유가 없습니다. 행동을 해야 할 시기는 바로 지금입니다. 그리고 우리는 하나님의 나라를 위해 슬슬 걸으며 일해서는 안 되고 반드시 뛰면서 해야 합니다.

알람 시계. 우리는 일을 미루고 싶은 유혹을 받습니다. "그러므로 우리는 다른 이들과 같이 자지 말고 오직 깨어 근신할지라"(데살로니가전서 5:6).

우리에게는 할 일이 있습니다. 그 일을 위하여 수준 높게 무장하도록 합시다!

기 도

하나님, 제게 주님의 일을 하도록 도전하시니 감사드립니다. 제가 일하는 직장에서 주님을 드러내는 사명을 제게 맡겨 주시니 감사를 드립니다. 저를 무장시켜 주시고, 또한 주님의 능력과 인도하심을 의지하는 삶을 살도록 가르쳐 주시옵소서. 아멘.

직장 여성의 영적 생활 일기

8
"동그란 파일"

노하기를 더디 하는 것이 사람의 슬기요
허물을 용서하는 것이 자기의 영광이니라.
잠언 19:11

> **잠깐 멈추어서…**
>
> * 지난날 받은 상처와 원망의 짐을 벗어 버립시다.
> * 공격을 받을 때 온유하게 대하는 법을 배웁시다.

당신은 "동그란 파일에 넣도록 해"라는 표현을 들어 본 적이 있습니까? 처음으로 상사에게서 동그란 파일에 넣으라는 말을 들었을 때 나는 그 의미를 전혀 알 수가 없었습니다. "동그란 파일"이란 무엇인가? 사무실을 아무리 둘러보아도 서랍 4개인 표준형 서류함밖에는 없었습니다. 사무실 비품 중에서 내가 파악하지 못하고 있는 것이라도 있단 말인가? 아니면 동그란 파일은 컴퓨터에 들어 있는 파일 이름인가? 만약 그렇다고 해도 아무도 내게 그 파일에 들어갈 수 있는 암호를 가르쳐 준 적이 없지 않은가?

물론 동그란 파일이란 말은 직장에서 휴지통을 가리킬 때 쓰는 표현입니다. 신세대들은 이런 표현을 이해하기가 어려울지 모르겠는데, 요즈음에는 대개 사무용 휴지통들이 사각형 모양이기 때문입니다. 그러나 우리처럼 이전 세대 사람들은 동그란 모양의

"동그란 파일"

휴지통을 사용했습니다. 회색빛이 나는 금속제 휴지통은 지름이 거의 50센티미터나 되기 때문에 엄청난 양의 실수 뭉치들을 담을 수 있었습니다.

나는 직장 생활의 대부분을 이런저런 종류의 저술을 하며 보냈기 때문에 용량이 큰 그런 휴지통을 좋아하게 되었습니다. 종이를 꼬깃꼬깃 구겨서 옆에 기다리고 있는 커다란 통에 던져 넣음으로써 실수를 경쾌하게 처분하는 만족감을 줍니다. 또한 언제나 하나쯤은 더 넣을 여유가 있다는 것 때문에 신뢰감을 주기도 합니다. 그리고 매일 밤 사무실 청소원이 아무도 모르게 와서 모든 쓰레기를 치워 주기 때문에 쓰레기통이 깨끗이 비어 있어서 다음 날 내가 고친 여러 원고를 마음 놓고 던져 넣을 수 있습니다. 만약 이렇게 치워 주지 않으면 꼬깃꼬깃 구겨진 종이가 산더미처럼 쌓인 사무실 안에서 종이 더미에 깔려 헐떡이면서 이리저리 헤치고 빠져 나오려는 나의 처절한 모습을 아침에 출근한 동료가 보게 될지도 모릅니다.

내가 가진 성경에는 어느 곳에도 **휴지통**이라는 단어나 혹은 **동그란 파일**이라는 표현이 나오지 않습니다. 그러나 나는 대용량의 영적 휴지통을 마련하라는 명령이 성경에 나와 있다고 굳게 믿습니다. 이 값진 물건이 있으면 그리스도의 용서하심을 힘입어 과거에 받은 공격과 상처로 얼룩진 종이를 처분할 수 있기 때문입니다. 이를 통해 내가 저지른 잘못뿐만 아니라 다른 사람이 우리에게 범하는 잘못을 버릴 수 있습니다. 또한, 직장에서 생기는 쓰레기들로 말미암아 마음이 흐트러진다든지 대인 관계에 방해받는 일을 방지할 수 있습니다.

다른 말로 하면, 우리의 영적 책상에서 오래 전의 상처나 원망 그리고 다른 사람이 던진 불쾌한 것을 깨끗이 치울 수 있게 됩니다. 만약 우리를 성가시게 하는 과거의 조그만 기억들을 쌓아 놓는다면 이런 것들은 우리의 관계를 점점 파괴할 것입니다. 또한 과거에 다른 사람들이 우리를 공격한 것을 계속 기억한다면, 업무상 그들을 만날 때 더 이상 긍정적이고 즐겁고 효과적인 업무 관계를 유지할 수 없게 됩니다.

동료 중에 한 사람이 약간 신경질적인 말을 하거나 순간적으로 냉소적인 말을 할 때 우리는 당황합니다. 만약 우리가 그 기억을 매일과 같이 우리의 영적 바구니에 담아 놓고 마음을 자극하게 놓아둔다면, 필경 그 순간을 다시 기억하고는 자존심이 상하여 그 사람을 볼 때마다 분노를 참을 수 없게 됩니다. 그 해묵은 상처를 처치하지 않으면 절대로 관계를 새로이 세워 나갈 수가 없습니다.

주말에 친구와 함께 캠핑을 갈 멋진 계획을 세웠는데, 주말에도 근무를 시키는 상사 때문에 마지막 순간에 계획을 취소하는 경우도 생길 것입니다. 분명 이는 실망스런 일입니다. 그러나 이런 실망과 원망의 감정이 매일과 같이 우리를 성가시게 한다면, 우리가 무슨 일을 하든 부정적인 태도가 짙게 나타날 것입니다.

우리는 매일 이런 과거의 상처를 구겨서 동그란 파일에 넣는 시간을 가져야 합니다. 그러고 나서 우리 눈에는 보이지 아니하시는 성령께서 그 쓰레기들을 담아 가실 수 있도록 손을 떼어야 합니다. 그러면 우리의 마음과 영혼에 어지럽게 쌓였던 잡동사니에서 우리는 자유를 누리게 됩니다. 산더미처럼 쌓인 상처와 원망 속에 파묻혀서 고생하지 않아도 됩니다.

직장에서 생기는 이런 쓰레기들은 다른 사람들과 그리스도인

"동그란 파일"

다운 관계를 맺지 못하게 할 뿐만 아니라 전반적인 영적 성장에도 방해가 됩니다. 만약 우리가 다른 사람에게 받은 상처를 마음속에 쌓아 두고 용서하지 않은 채 주님께 나아가려고 한다면, 우리는 "여호와의 산에 오를 자"(시편 24:3)가 되지 못합니다. 다음과 같은 연습을 해 보시기 바랍니다.

지난 5년 동안 직장에서 받았던 상처를 휴지통에 얼마나 많이 넣었는지를 어림잡아 보십시오. 그리고 나서 그 모든 쓰레기들을 커다란 쓰레기 봉지에 담는 모습을 상상해 보십시오. 쓰레기 봉지가 하나가 아니라 여러 장 필요할지도 모릅니다. 이제 쓰레기가 가득 찬 이 봉지를 등에 지고 산을 오르는 모습을 그려 보십시오. 만약 당신이 나와 비슷한 상상을 한다면, 상상 속의 당신은 조금도 움직일 수 없을 것입니다!

그리스도인의 삶은 지속적으로 영적인 산을 오르는 것이라고 할 수 있습니다. 우리가 그리스도의 본을 따라 성장하고 배우고자 한다면 우리에게 있는 모든 것을 투자하여 최선을 다해야 하며, 힘과 격려를 얻으려면 성령을 힘입어야 합니다.

용서하지 않아서 생긴 무거운 짐으로 산을 오르는 우리의 발걸음을 더 이상 힘겹게 하지 맙시다. 대신에 우리의 영적 휴지통을 사용합시다. 다른 사람의 공격을 받을 때 이를 관대히 대하는 기술을 배우고 연습함으로써, 점차 큰 갈등 없이 확신 있게 용서하는 수준으로 성장하도록 합시다. 그리고 이러한 수준을 계속 유지하도록 합시다.

직장 여성의 영적 생활 일기

기 도

하나님, 저를 그토록 용서하여 주시니 감사드립니다. 제가 제 자신의 죄의 짐을 짊어지고 살아가지 않아도 됨을 인하여 감사를 드립니다. 저도 다른 사람들을 주님처럼 용서할 수 있도록 도와주옵소서. 분노와 원망 가운데 머물지 말고 날마다 받는 상처와 공격을 관대히 대함으로써 더욱 주님을 닮아 갈 수 있도록 하옵소서. 아멘.

9
괜찮아, 듣는 사람 없어

근신이 너를 지키며 명철이 너를 보호하여.
잠언 2:11

> ### 잠깐 멈추어서…
>
> * 근신하는 삶의 성경적 기준을 생각해 봅시다.
> * 말과 행동을 삼가는 것을 배웁시다.

로라는 지난여름에 내 사무실에서 일했던 대학생이었습니다. 어느 날 로라는 매우 풀이 죽은 채 출근하였습니다. 무슨 일이냐고 물었더니 다음과 같은 사연을 털어놓았습니다.

로라네 집에는 다른 나라에서 온 한 가족이 머무르고 있었습니다. 로라의 아버지가 그들의 나라에 사업상 머무르다가 알게 된 가족이었는데, 아버지가 플로리다에 있는 로라네 집에 방문하도록 초청을 했던 것입니다. 처음 며칠 동안은 만사가 순조로이 진행되었습니다.

로라는 계속 말을 이었습니다. "그런데 어제는 그 가족 모두가 바깥에 앉아서 대화를 하고 있었어요. 저는 제 방에서 다른 일을 하고 있었기 때문에 그들은 제가 자기들의 대화를 듣지 못할 것이라고 생각했을 거예요. 그리고 설사 제게 들린다 하더라도 그들은 제가 자기들 말을 이해하리라고는 상상하지 못했을 거예요.

괜찮아, 듣는 사람 없어

"그러나 저는 그 언어를 자유로이 구사할 줄 알았기 때문에 그들의 말을 하나도 빠짐없이 다 이해할 수 있었어요. 그들의 대화는 온통 우리 가족과 건물, 심지어 우리나라에 대한 비판으로 가득 차 있었어요. 그들의 말이 들려올 때 제 마음은 부모님을 생각하며 무척 속이 상했어요. 부모님은 그들이 조금이라도 더 즐거운 시간을 보내도록 하기 위해 정말 많은 수고를 했기 때문이지요. 저는 너무도 분이 나고 마음이 아파서 어떻게 해야 할지 몰랐어요. 물론 제가 들은 것을 아무에게도 알릴 수가 없었어요."

로라네 집을 방문한 그 사람들은 분명 언어 장벽이 있기 때문에 자기들의 무분별하고 무례한 말이 로라와 그 가족들에게 절대로 전달되지 않을 것이라고 생각했을 것입니다. 그러나 사실은 그렇지 않았습니다.

당신은 성경이 우리의 무분별하고 무례하고 죄악 된 말과 행동이 가져오는 고통스런 결과에서 우리를 보호해 준다는 사실을 알고 있습니까? 이는 정말입니다! 우리를 보호해 주는 이 선물은 근신이라고 불립니다.

근신은 지혜, 분별, 그리고 로마서 12:3에 나오는 '지혜로운 생각'과 비슷한 특성을 가지고 있습니다. 근신하는 여인은 자기가 말하고 행동할 것을 미리 현명하고 주의 깊게 생각하여 선택합니다! 이 때문에 근신이 고통스러운 결과에서 우리를 보호해 줄 수 있습니다. 근신으로 말미암아 우리는 고통스러운 결과를 낳을 수 있는 말과 행동을 삼갈 수 있습니다. 또한 우리 자신 혹은 다른 사람들에게 불행과 상처를 가져다줄지도 모르는 말과 행동을 삼갈 수 있도록 그리스도인다운 분별력을 행사할 수 있는 능력을 제공해 줍니다. 만약 로라네 집을 방문한 사람들이 언어의 장벽을 믿고 숨어서 말하는 대신에 근신하는 행동을 했더라면, 로라에게 그처럼 큰 상처를 준 무례한 말은 절대로 하지 않았을 것입니다.

직장 내에서 근신이 얼마나 유익을 주는지 한번 생각해 보십시오. 우리가 사무실에 떠도는 새로운 소문을 들었을 때, 근신은 이를 재차 다른 사람에게 옮기는 것을 막아 줍니다. 상사의 불공평한 비판 때문에 격분하여 자제력을 잃을 때 근신은 우리로 하여금 그 상황을 어떻게 하면 현명하게 대처할지에 대하여 도움을 줍니다. 그리하여 직장을 잃게 하거나 상사와의 관계를 어려운 지경으로 빠뜨릴 위험이 있는 말을 삼갈 수 있게 도와줍니다. 우리가 비밀스런 정보를 은밀하게 알고 있을 때, 그것이 업무상 일상적으로 일어나는 것이든 혹은 우리가 우연히 듣게 된 것이든 근신은 그 정보를 누설하지 않고 책임감을 가지고 간직할 줄 알도록 이끌어 줍니다.

다윗왕은 근신의 중요성을 알고 있었습니다. 우리처럼 어떤 경우에는 근신하지 못한 경우도 있었지만, 자기를 이어 왕이 될 아들 솔로몬에게 권면한 여러 가지 성품 중의 하나가 바로 근신이었습니다. 하나님의 축복을 받기 원하면서 다윗은 솔로몬을 위해 다음과 같이 권면하였습니다. "여호와께서 네게 지혜[근신]와 총명을 주사 너로 이스라엘을 다스리게 하시고 너의 하나님 여호와의 율법을 지키게 하시기를 더욱 원하노라"(역대상 22:12).

성경에서 근신하지 않는 여인에 대하여 재미있게 표현하고 있는 구절 중의 하나는 잠언 11:22입니다. "아름다운 여인이 삼가지 아니하는 것은 마치 돼지 코에 금 고리 같으니라." 왜 근신이 그렇게 중요합니까? 무분별한 말과 행동의 불미스런 결과에서 우리를 보호하여 주기 때문입니다. 또한 돼지 코에 금 고리를 걸고 있는 것처럼 보이지 않도록 이끌어 주기 때문입니다!

　이외에도 다른 유익점을 살펴본다면 다음과 같습니다.

　근신하는 여인은 신뢰할 만하다. 사람들은 근신하는 여인에게 자기의 비밀스런 일까지도 털어놓을 수 있습니다. 왜냐하면 비밀히 들은 것을 다른 곳에 가서 말하지 않을 만큼 분별력과 자제력을 가지고 있기 때문입니다. 또한 자기가 할 말을 신중하게 선택하며, 말을 할 때와 하지 않을 때를 파악할 줄 압니다.

　근신하는 여인은 앞을 볼 줄 안다. 자기의 말이나 행동이 어떤 결과를 가져올지를 신중하게 생각합니다. 갑작스런 판단이나 앞뒤를 가리지 않는 결정이나 나중에 생길 영향을 고려하지 않는 감정적 선택을 피합니다.

　근신하는 여인은 다른 사람을 고려할 줄 안다. 근신하는 여인은 자신의 모든 말과 행동이 다른 사람에게 영향을 준다는 사실을 알고 있습니다. 다른 사람들의 감정과 필요와 유익을 깊이 고려하며, 자신의 말과 행동을 이에 비추어 평가합니다.

　근신은 어느 직장에서나 필요한 표준 장비라고 할 수 있습니다!

기 도

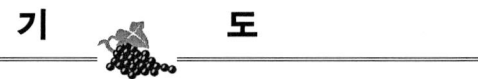

주님, 제가 근신을 배우도록 도와주옵소서. 제가 인내와 판단력과 자제력, 그리고 저의 모든 말과 행동에서 근신할 줄 아는 지혜를 계발하도록 이끌어 주옵소서. 아멘.

직장 여성의 영적 생활 일기

10

아름다운 여인

고운 것도 거짓되고 아름다운 것도 헛되나
오직 여호와를 경외하는 여자는 칭찬을 받을 것이라.

잠언 31:30

> ### 잠깐 멈추어서…
>
> * 잘 생긴 외모가 우리의 삶에서 어떤 역할을 하는지 생각해 봅시다.
> * 진정으로 아름다운 여인을 성경에서 찾아 연구해 봅시다.

여성 잡지를 사면 미용에 관한 기사를 보기 좋아하지 않으십니까? 대개는 "미용 전"과 "미용 후"의 사진이 대비되어 나와 있습니다. 물론 "미용 전"의 사진은 막 잠을 자고 일어난 후에 사진을 찍었을 것입니다. 그러니 "미용 후"의 사진보다 나을 리가 없습니다! 그러나 미용 전문가의 손에 의해 여자의 외모가 그렇게 크게 바뀔 수 있다는 것은 여전히 신기하기만 합니다.

우리는 거의 대부분 현재의 외모보다 좀 더 매력적인 모습으로 바뀌기 원합니다. 우리는 자신이나 다른 사람에게 좋게 보이고 싶어 합니다. 또한 우리의 문화에서는 아름다운 외모에 상당한 가치를 부여하기 때문에 아름다움에 대한 우리의 기대치도 높아졌습니다. 눈만 돌리면 어디서든 잡지 표지나 텔레비전 화면이나 영화 속에서 아름다운 모델이 웃고 있는 모습을 볼 수 있습니다. 우리는 비교하는 마음 때문에 갑자기 자기가 못생기고, 유

아름다운 여인

행에 뒤떨어져 있으며, 뚱뚱하거나 말라빠졌으며 혹은 얼굴 곳곳에 흠이 많다고 생각합니다. 우리 부서에 새로운 여직원을 채용할 때, 그 신입 사원이 우리보다 얼마나 매력적으로 생겼는지를 알려고 이리저리 재봅니다. 세상의 기준에 우리가 얼마나 미치고 있는가를 끊임없이 생각하면서 자신뿐만 아니라 다른 여자들의 머리 모양, 옷맵시, 얼굴 형태, 화장, 그리고 몸매를 자세히 살펴봅니다. 자신을 다른 사람과 늘 비교하기 때문에 생기는 위험, 그리고 질투심이 우리를 사로잡도록 허용하기 때문에 생기는 위험은 직장 여성에게는 매우 실제적인 문제입니다. 직장이란 환경은 수입이나 지위나 특권, 그리고 심지어는 외모에 이르기까지 여러 면에서 경쟁심을 불러일으키는 곳입니다. 이처럼 경쟁이 심한 상황에서 그리스도인인 우리 직장 여성이 아름다운 외모에 대해 성경적으로 균형 잡힌 시야를 유지하는 것은 특히 중요합니다.

그러면 하나님께서는 그리스도인이 잡지에 나오는 "미용 전"의 모습을 하며 살도록 계획하셨습니까? 우리의 외모를 매력적으로 꾸미기 위한 노력은 잘못된 것입니까?

사실은 그 반대입니다. 하나님께서는 우리가 아름답기를 원하신다는 것이 성경에 나옵니다. 솔로몬의 아가에서는 여인의 아름다움을 노래하고 있습니다. 부, 권력, 성, 혹은 성공과 마찬가지로 아름다움도 그 자체로는 악하지도 선하지도 않습니다. 아름다움이 그리스도인으로서 받은 부르심에 방해가 되느냐 혹은 도움이 되느냐는 우리가 아름다움에 대하여 어떻게 느끼며, 아름다움을 어떻게 사용하고, 아름다워지기 위하여 무엇을 행하며, 아름다움에 어떤 우선순위를 두고 있느냐에 따라 달라집니다.

성경에서 최고 미인 중의 하나로 손꼽히는 에스더의 경우를 통해 아름다움에 대하여 무엇을 배울 수 있는지를 살펴봅시다.

페르시아와 같은 고대 제국에서도 아름다움은 중요시되었습니다. 에스더가 아하수에로의 왕궁에 들어가 결국에는 왕비가 될 수 있었던 것도 아름다웠기 때문입니다. 성경에는 에스더가 "용모가 곱고 아리따운 처녀"라고 했습니다(에스더 2:7). 왕국 전역에서 왕 앞으로 많은 처녀들을 데려왔는데, 성경에는 "왕이 모든 여자보다 에스더를 더욱 사랑하므로 저가 모든 처녀보다 왕의 앞에 더욱 은총을 얻은지라"라고 기록되어 있습니다(에스더 2:17). 사실상 에스더는 "모든 보는 자에게 굄을 얻었습니다"(에스더 2:15). 에스더는 정말 아름다웠던 모양입니다.

에스더의 삼촌인 모르드개는 유대인을 멸절시키려는 하만의 음모를 에스더에게 전하면서, 에스더에게 왕비라는 위치를 사용하여 왕 앞에 나아가 하만의 악한 궤계를 무너뜨리라고 했습니다. 모르드개는 다음과 같은 말로 도전을 했습니다. "네가 왕후의 위를 얻은 것이 이때를 위함이 아닌지 누가 아느냐?"(에스더 4:14). 자기의 동족을 구할 수 있는 위치에 있는 사람은 에스더뿐이었습니다. 에스더가 그 위치에 있게 된 열쇠는 바로 아름다움이었습니다. 따라서 하만의 음모를 무너뜨리고 유대인을 구하려는 에스더의 위험스럽고도 멋진 계획을 이루는 열쇠도 바로 아름다움이었습니다.

아름다운 외모는 에스더에게 하나의 도구였습니다. 에스더는 적절한 시기와 적절한 장소에서 하나님의 백성을 위한 목숨을 건 임무를 수행할 수 있었는데, 이는 에스더의 아름다운 외모 때문이었습니다. 그러나 궁극적으로 에스더가 사명을 완수할 수 있

아름다운 여인

었던 이유는 용기와 충성심과 믿음, 그리고 백성들을 향한 사랑과 지혜라는 내적 자질이 있었기 때문이었습니다. 이러한 내적 자질이 없었다면 에스더는 그처럼 위험스럽고 성공하기도 힘든 계획을 실행하거나 혹은 그런 막중한 책임을 감당하려고 하지 않았을 것입니다.

하나님께서는 우리 각자에게 저마다 다른 능력과 재능과 기회를 주셔서 하나님의 일을 성취하도록 하십니다. 세상의 기준에 의한 아름다운 외모는 하나의 도구일 뿐입니다. 하나님께서는 이 도구를 어떤 사람에게는 주시지만 주시지 않는 사람도 있습니다. 아름다운 외모는 하나의 도구일 뿐 그 이상도 그 이하도 아닌 것입니다.

에스더는 아름다워서가 아니라 위험에 빠진 하나님의 백성을 구하는 일을 하기 위하여 자기가 가진 모든 것을 드리려고 했기 때문에 위대한 하나님의 여인으로 역사 속에 기억되고 있습니다.

에스더와 같은 아름다움을 가졌든 혹은 그렇지 못하든 간에 우리가 가진 모든 자원을 하나님의 영광과 또한 하나님의 백성의 유익을 위하여 기꺼이 쓰고 싶습니까?

기 도

하나님, 에스더와 같은 위대하고 경건한 여인을 성경을 통하여 보여 주시니 감사를 드립니다. 에스더는 오늘의 현대 여성들에게 놀라운 본을 보여 주었습니다. 제가 에스더의 아름다운 외모가 아니라 사심 없는 용기와 굽히지 않는 충성심과 사려 깊은 지혜와 헌신적인 믿음을 닮아

가게 도와주소서. 주님께서 "이때를 위하여" 제게 주신 모든 선물을 주님을 섬기기 위하여 쓸 수 있도록 저를 준비시켜 주옵소서. 아멘.

11
뭐 하시려고요

그런즉 너희가 어떻게 행할 것을 자세히 주의하여
지혜 없는 자같이 말고 오직 지혜 있는 자같이 하여
세월을 아끼라. 때가 악하니라.
에베소서 5:15-16

> ### 잠깐 멈추어서…
>
> * 왜 아름다워지고자 하는지 그 동기를 살펴봅시다.
> * 우리가 받은 은사를 어떻게 사용할 것인지를 묵상해 봅시다.

크리스틴은 광고 대행사의 고객 응대팀에서 근무하고 있는데, 보기 드물게 매력적인 아가씨입니다. 크리스틴은 자기의 일을 즐기는데, 사람을 만나길 재미있어하고 빠르게 움직이는 환경 속에서 일하는 것을 좋아합니다.

최근에 사무실이 회사 정책에 대한 비판으로 들끓었는데 해리스 매뉴팩처링이란 회사의 광고를 따내기 위하여 비열한 방법을 썼다는 것입니다. 임원진은 모든 시간과 에너지를 들여 그 회사와의 거래를 트기 위한 회사 소개 준비를 했습니다. 마침내 모든 준비가 완료된 상황에서, 해리스 매뉴팩처링의 창업주인 해리스 씨가 광고 대행사를 방문하기로 한 12일 수요일이 되었습니다. 방문을 마치고 난 후에 해리스 씨가 광고를 맡길 것인가를 결정하게 될 것입니다.

크리스틴의 상사인 단은 해리스 씨가 도착하기 일주일 전에 크리스틴을 자기 사무실로 불렀습니다.

단은 다음과 같이 말했습니다. "크리스틴, 우리는 지금까지 해리스 씨에게 우리 회사 소개를 하기 위해 심혈을 기울여 준비를 했습니다. 여기에 덧붙여 나는 해리스 씨에게 우리 회사가 귀한 손님을 얼마나 잘 대접할 줄 아는지를 보여 주기 위해 그가 머무르는 동안 특별한 파티를 계획하였습니다.

"수요일 저녁에 파티를 열어 우리 회사가 거래하는 다른 큰 고객들을 함께 초청할 계획입니다. 그런데 해리스 씨는 부인과 함께 오지 않기 때문에 누군가가 파티에 동반하여 주면 좋겠다는 생각이 들었습니다. 당신은 우리 회사에 근무한 지 몇 년이 되었기 때문에 그 책임을 감당할 수 있는 적임자라고 생각됩니다. 만약 해리스 씨가 이곳에 머무르는 동안 즐거운 시간을 가진다면 우리 회사 사람들 모두에게 큰 유익이 될 것입니다. 수요일 저녁에 별다른 약속이 없지요?"

신약성경에 보면 헤로디아의 딸 이야기가 나옵니다(마태복음 14:6-12, 마가복음 6:14-29 참조). 헤롯왕은 자기를 위하여 큰 연회를 베풀고 많은 친구들을 초청하였는데, 그들 앞에서 보여 준 그 소녀의 춤에 매료된 헤롯은 원하는 것이라면 왕국의 절반이라도 주겠다고 말했습니다. 소녀는 무엇을 구할지를 몰랐기 때문에 어머니에게 물었습니다. 어머니는 자기가 헤롯왕과 결혼하는 것이 합당하지 않다고 반대한, 성가신 선지자를 제거할 수 있는 절호의 기회를 잡았다고 생각했습니다.

후반부 이야기는 잘 기록되어 있습니다. 어머니의 말에 넘어간 소녀는 세례 요한의 머리를 달라고 요구했고, 결국은 얻게 되었습니다.

이제 오늘날 광고 대행사에 근무하는 여직원과 이천 년 전의 아름다운 소녀의 공통점은 무엇입니까? 그들에게는 선택의 기회가 주어졌습니다. 즉, 그들의 아름다운 외모가 부도덕하고 부정직하며 비윤리적인 목적에 사용되도록 하느냐 혹은 하지 않느냐의 선택이었습니다. 에스더가 자기의 외모를 사용할 기회를 얻은 것과 마찬가지로 헤로디아의 딸과 크리스틴도 비록 좋은 용도는 아니지만 자신의 미모를 사용할 기회를 얻은 것입니다. 크리스틴의 상사는 그들 회사의 장점을 잘 부각시켜 고객을 얻기보다는, 해리스 씨의 부인이 불참하는 틈을 타서 크리스틴의 아름다운 외모를 이용하여 사업상의 결정에 영향을 끼치기 원했습니다. 헤로디아는 딸의 아름다운 외모를 이용하여 자기의 야심을 가로막아 선 사람에게 복수를 하였습니다.

에스더나 크리스틴 혹은 헤로디아의 딸처럼 지나가다가도 발길을 멈추게 할 정도의 외모를 갖고 있지 않더라도 우리는 동일한 문제 상황에 빠질 수 있습니다. 우리의 외모가 어떤 목적에 쓰이기를 원합니까? 이는 자기가 사용하든 다른 사람이 사용하든 동일한 질문입니다. 아침에 새로운 립스틱을 바르거나 혹은 멋진 새 옷을 입을 때, 우리가 매력적이고 아름다운 외모를 꾸미기 위해 왜 그렇게 많은 시간과 노력과 돈을 투자하려고 하는지를 묵상해 보는 것이 도움이 됩니다.

그 이유가 자신을 존중하고, 여성으로 태어난 것을 자랑스럽게 생각하며, 그리스도의 대사로서 긍정적인 외모를 보이고 싶기 때

뭐 하시려고요

문입니까? 아니면, 항상 우리보다 한 발 앞서 나가는 것처럼 보이는 판매 부서의 한 동료보다 나은 사람으로 보이고 싶기 때문입니까? 자기의 직업을 귀한 것으로 여기기 때문에 회사를 대표하는 사람으로서의 이미지를 잘 관리하려는 것입니까? 아니면, 자신의 성품이나 능력이 별로 좋지 않다는 느낌을 보상하기 위하여 우리의 외모를 사용함으로써 다른 사람을 능가하고 싶기 때문입니까? 혹은 재정부의 잘 생긴 한 사원에게 잘 보여 그에게 당신과 연애하고 싶은 감정을 불러일으키려는 것은 아닙니까?

에스더나 크리스틴, 헤로디아의 딸처럼 우리는 하나님께서 우리에게 주신 도구들을 어떻게 사용해야 하는지에 대한 선택을 해야 합니다. 관건이 되는 도구가 아름다운 외모, 재능, 지위, 영향력, 지식, 능력, 혹은 어떤 다른 것이든, 하나님께서는 우리가 이 도구들을 자세히 주의하여 사용하기를 원하십니다.

기 도

하나님, 저희는 선택의 상황에 처할 때가 너무 많습니다. 제가 주님께 산제사로 드리는 신분임을 기억하게 도와주소서. 그리하여 주님께서 쓰시도록 저의 모든 것을 바치게 하여 주옵소서. 제게 주신 은사를 악한 목적에 사용하도록 압력을 주는 세상의 영향을 이길 힘을 주옵소서. 아멘.

직장 여성의 영적 생활 일기

12

화장품

너희 단장은 머리를 꾸미고 금을 차고
아름다운 옷을 입는 외모로 하지 말고,
오직 마음에 숨은 사람을
온유하고 안정한 심령의 썩지 아니할 것으로 하라.
이는 하나님 앞에 값진 것이니라.

베드로전서 3:3-4

잠깐 멈추어서…

* 하나님께서 우리에게 원하시는 아름다움은 어떤 것인지 생각해 봅시다.
* 속사람과 외모를 아름답게 하는 근원이 무엇인지 생각해 봅시다.

스코틀랜드의 시인 로버트 번즈는 하나님께서 "다른 사람의 시야로 우리 자신을 볼 수 있는 능력"을 우리 각자에게 주셨으면 좋겠다는 소원을 말한 적이 있습니다. 지금 당신에게 그 선물이 주어진다면 당신은 이를 받아들이시겠습니까? 당신은 어떤 모습으로 보일 것 같습니까?

다른 사람의 시야로 우리 자신을 볼 줄 아는 능력이 있다면 이는 분명 화와 복이 복합된 축복일 것입니다. 차라리 보지 말았으면 하는 모습을 볼 수 있는 좋은 기회이기도 하지만, 동시에 우리에게 격려가 되고 자신감을 주는 무엇인가를 보게 될 것입니다.

우리는 다른 사람들에게 보다 잘 보이려고 상당한 시간과 돈을 투자하여 우리의 외모를 매력적으로 꾸밉니다. 그러나 실상은 우리 자신 말고는 아무도 엷은 자줏빛 립스틱, 짙은 색의 아이새도, 혹은 고상한 핑크빛 볼연지를 바른 우리의 모습을 알아주지

화장품

않습니다.

만약 진정으로 우리가 "다른 사람의 시야로 우리 자신을 볼 수 있는 능력"을 가진다면, 우리는 나를 만난 다른 여러 사람의 경험을 복합하여 자신을 볼 수 있을 것입니다. 또한 우리의 말과 행동 및 그 말과 행동을 할 때의 태도를 통하여 드러난 우리의 속사람을 볼 수 있을 것입니다.

성경에서는 우리에게 그리스도인답게 옷을 입으며 행동을 하도록 교훈하고 있습니다. "또 이와 같이 여자들도 아담한 옷을 입으며, 염치와 정절로 자기를 단장하고, 땋은 머리와 금이나 진주나 값진 옷으로 하지 말고, 오직 선행으로 하기를 원하라. 이것이 하나님을 공경한다 하는 자들에게 마땅한 것이니라"(디모데전서 2:9-10). 다른 사람들이 우리를 아름답게 보든 혹은 그렇지 않든, 실상 우리의 행실이 다른 사람의 우리에 대한 인식에 영향을 준다는 것을 부인할 수 없습니다.

분명 성경은 우리의 겉사람의 아름다움보다는 속사람의 아름다움을 강조하고 있습니다. 세상의 어떤 화장품이나 멋있는 옷도 그리스도의 아름다움을 다른 사람에게 드러내게 할 수 없습니다. 오직 그리스도 중심의 말과 태도와 행동을 통해서만 그리스도를 드러낼 수 있습니다. 또한 아무리 화장을 해도 세상적이고 아름답지 못한 마음을 숨길 수는 없습니다.

그리스도께서 주시는 진정한 내적인 아름다움은 반드시 겉으로 드러납니다. 주님께서 주시는 이 내적인 아름다움은 실제로 큰 매력이 있기 때문에 우리가 얼굴이 못생겼다고 하거나 코가 너무 크다고 하거나 너무 뚱뚱하다고 하거나 혹은 키가 너무 작다고 불평할 때 여느 어머니가 말로 해 주는 격려와는 차원이 다릅니다. 우리는 누구나 온유와 인내와 긍휼, 그리고 다른 여러 아름다운 성품을 발산하는 사람을 잘 알아봅니다. 그러한 성품은 얼굴을 통해서도 드러납니다. 평강과 기쁨과 지혜가 가득 찬 성품이 겉으로 표현되기 때문입니다. 우리는 이런 사람들에게 자연스럽게 이끌리는데, 왜냐하면 자기들을 인자와 온유함을 가지고 대하며 자기들의 인격을 존중하여 줄 것을 알기 때문입니다. 냉혹하고 경쟁이 치열한 세상에서 그런 사람 주위에 있기 싫어할 사람이 어디 있겠습니까?

이런 사람들의 외모가 세상적인 기준에서 볼 때도 매력적이겠습니까? 그럴 수도 있지만, 그렇지 못할 수도 있습니다. 요점은 외모가 그리 큰 문제가 되지 않는다는 것입니다. 사람을 끄는 그들의 매력은 화장을 잘하거나 혹은 옷을 잘 입는 것과는 차원이 다른 아름다움이기 때문입니다.

메시야의 오심을 예언한 이사야는 우리 주님의 외모가 세상의 기준에서 볼 때에는 그리 굉장하지도 않고 아름답지도 않을 것이라고 했습니다. "그는… 고운 모양도 없고 풍채도 없은즉 우리의 보기에 흠모할 만한 아름다운 것이 없도다"(이사야 53:2). 그럼에도 그리스도께서 이 땅에 오셨을 때 사람들은 주님을 뵈려고 수십 리를 걸어 왔으며, 주님과 가까이서 주님을 만지고 심지어는 주님의 옷자락이라도 잡고 싶어 했습니다. 사람들의 눈에는 주님이 아름답게 보였습니다.

이 장의 첫머리에 나온 구절에서 사도 바울은 우리 그리스도인 여성들이 외적으로 드러나는 내적 아름다움을 계발하기 위해 도움이 되는 두 가지 자질을 제시하고 있음을 보았습니다.

온유. 온유함은 갈라디아서 5:23에 나오는 성령의 열매 중의 하나입니다. 그리고 온유함이 그리스도인의 성품의 매우 중요한 요소라는 것이 성경의 곳곳에 나옵니다. 온유함은 다른 사람을 대하는 태도에서 드러납니다. 우리의 의견을 말한다든지, 다른 사람과의 갈등을 해결한다든지, 압력을 받은 상황에서 자신을 절제하는 태도에서 온유함이 드러납니다. 온유함으로 말미암아 우리는 스트레스를 받고 분이 나는 상황에서도 다른 사람에게 잔인한 행동을 하거나 자기 유익만을 구하거나 혹은 보복하는 태도를 갖지 않게 됩니다. 온유함은 항상 이기려고 하지는 않습니다. 특히 다른 사람에게 손해를 끼치면서까지 이기려고 하지 않습니다.

그러나 또한 온유함은 심약한 성품이 아니라 강한 힘이 있음을 알아야 합니다. 잠언 25:15에서는 "오래 참으면 관원이 그 말을 용납하나니 부드러운 혀는 뼈를 꺾느니라"라고 말합니다. 그리스도께서는 온유하셨습니다. 주님께서는 우리도 역시 온유하기를 원하십니다.

안정한 심령. 베드로는 온유와 안정한 심령을 결합시켰습니다. 안정한 심령은 차분함, 혹은 마음 깊은 곳의 평안함과 비슷한 것으로서 우리가 하나님의 돌보심 가운데 있음을 아는 데서 나오는 것입니다.

안정한 심령은 또한 평안이 없는 상태의 정반대라고 할 수 있습니다. 안정한 심령으로 말미암아 우리는 자기가 다른 사람보다 좀 더 가치 있거나 명석하거나 혹은 재능이 많다는 것을 증명하기 위하여 끊임없이 애쓰는 세상 풍조에서 자유함을 누릴 수 있습니다. 다른 사람들은 세상의 가치관에 붙잡혀서 자기의 가치를 알리기 위해 애쓰지만, 안정한 심령을 갖는다는 것은 자신만의 독특한 가치가 있음을 조용히 확신하는 것을 의미합니다. 그리스도께서 우리를 위해 돌아가셨을 때 이미 우리의 가치는 증명되었기 때문입니다. 매일 그리스도를 위해 살 때 우리는 그분의 은혜를 마음속 깊이 누릴 수 있게 됩니다.

기 도

주님, 제가 다른 사람을 주님께로 이끌 수 있는 아름다움을 갖게 하여 주옵소서. 제가 온유하고 안정한 심령을 계발하도록 도와주소서. 또한 제가 마땅히 해야만 한다고 알고 있는 선한 일을 할 힘도 공급하여 주소서. 그리하여 다른 사람들이 제 안에 계신 주님을 볼 수 있도록 하여 주옵소서. 아멘.

13
하루만 푹 쉬었으면

오직 여호와를 앙망하는 자는 새 힘을 얻으리니
독수리의 날개 치며 올라감 같을 것이요,
달음박질하여도 곤비치 아니하겠고
걸어가도 피곤치 아니하리로다.
이사야 40:31

> ### 잠깐 멈추어서…
>
> * 우리 삶의 만성적인 피로의 원인을 살펴봅시다.
> * 그리스도께서 주시는 참된 쉼을 받아 누립시다.

로즈마리는 아침 6:30에 일어났습니다. 출근 복장을 하고, 커피 한 잔을 마신 후에 식탁에 아이들이 먹을 아침거리가 있는지 확인했습니다. 그러고는 잊지 말고 고양이에게 먹이를 주고, 통학 버스를 놓치지 말라고 당부하는 메모를 남기고 문을 나섰습니다.

오전 일과 시간에 이사회를 위한 자료 준비를 가까스로 마치고, 늘 쌓여 있는 서류를 처리하고, 두 동료 사이에 오해로 생긴 문제를 해결하여 주었습니다. 또한 전화 통화는 13회나 했으며, 이것저것 생기는 잡다한 일을 수도 없이 처리해야 했습니다.

점심시간에는 조카를 위한 결혼 선물을 구입하고, 세탁소에 맡긴 옷을 찾고, 급히 차를 몰아 햄버거 전문 식당에 들렀습니다. 오후 일과 동안에는 불평 거리를 잔뜩 들고 오는 고객을 맞아야 했고, 매월 열리는 책임자 회의에 참석했습니다. 또한 다음 주까

하루만 푹 쉬었으면

지 완성해야 하는 판매 보고서의 자료를 이곳저곳에서 끌어모아야 했습니다.

하루 일을 마치고 귀가하는 길에 몇 가지 채소를 사고 도서관에서 빌린 책을 반납했습니다. 저녁 식사를 위해 스파게티와 샐러드를 만들었으며, 13살짜리 딸이 십대의 갈등에 관해 이야기하는 것을 들어주고, 아들의 숙제를 도와주었습니다.

마침내 긴 하루 일과가 끝난 후 로즈마리는 소파에 앉아 식품점에서 샀던 잡지를 이리저리 훑어보았습니다. 이번 호에는 관심이 많았던 시간 관리에 관한 기사가 실려 있었기 때문이었습니다. 그러나 쏟아지는 졸음 때문에 로즈마리는 눈을 제대로 뜨고 있지도 못했습니다.

당신은 로즈마리처럼 바쁜 나날을 보내고 있지 않습니까? 나의 경우에는 그렇습니다. 하루를 마친 후에 완전히 녹초가 되는 것도 이상한 일은 아닙니다. 그러나 당신이 나와 같은 처지에 있다면 어느 날 갑자기 당신은 피로에 사로잡혀 "내가 왜 이렇게 피곤한 생활을 하는지 모르겠어!"라고 투덜대는 자신의 모습을 문득 보게 됩니다.

그러나 왜 피곤한지에 대하여 잘 생각해 보면 대개 육체적인 것 때문이 아님을 알게 됩니다. 에어로빅을 가르치는 일이나 건설 현장에서 일하는 경우처럼 육체노동이 많이 필요한 일이 아니라면 당신의 직업은 아마도 육체적인 에너지를 그리 많이 필요로 하지는 않을 것입니다. 나처럼 책상에 앉아서 하는 일이나, 전화를 받는 일, 자료 입력을 하는 일이나, 고객을 응대하는 일 등이 이런 경우에 속합니다. 그럼에도 불구하고 우리는 여전히 피곤함을 느낍니다.

왜 그렇습니까? 몇 가지 이유를 살펴보기로 하겠습니다.

과도한 책임. 자기가 감당할 수 없을 정도로 많은 일을 맡게 되면, 우리는 항상 긴장감을 느끼며 모든 일을 다 끝마치지 못함으로 말미암아 끊임없는 실패감에 빠지게 됩니다. 이로 인해 만성적인 스트레스에 시달리게 되며, 결국에는 완전 탈진에 이르게 됩니다. 때때로 우리는 현재 시간을 투자하고 있는 대상을 재평가해 보아야 합니다. 그래서 우리가 시간을 투자하고 있는 일들이 우선순위에 합당한 것인지를 살펴보아야 합니다. 가장 중요한 생의 목표와 높은 우선순위가 있는 것들과 견주어 볼 때 현재 우리가 상당히 많은 시간을 투자하고 있는 것들이 실상은 그리 중요한 일이 아닐 수도 있습니다. 시간 사용에 대한 대대적인 새로운 변화는 마치 의사가 내리는 단호한 처방과도 같습니다.

염려. 단지 재정, 장래, 직업, 대인 관계 혹은 우리 삶의 다른 요소들에 대한 염려 때문에 우리의 힘이 점점 떨어질 때가 있습니다. 행동으로 옮기지 않는다면 염려만으로는 성취하는 것이 아무것도 없다는 사실이 우리를 더욱 슬프게 합니다. 환경에 대하여 염려할 수 있습니다. 그리하여 재활용품을 열심히 챙기고, 물과 에너지를 아껴 쓰며, 다른 사람들에게 이와 같은 행동을 하도록 동기 부여를 하기도 합니다. 직장에서의 대인 관계에 대하여 걱정할 수도 있습니다. 이런 때에는 그 관계를 치료하기 위한 첫 발걸음을 내디뎌야 합니다. 예수님께서는 우리에게 염려하지 말라고 분명히 말씀하십니다(마태복음 6:25-34). 염려하는 것은 육체적인 건강이나 영적인 건강에 다 좋지 않습니다.

개인적인 필요를 무시함. 우리는 자동차를 항상 잘 관리해야 합니다. 자동차가 없으면 생활할 수 없을 정도이기 때문입니다.

하루만 푹 쉬었으면

그러나 우리 몸에 대해서도 관리가 필요하다는 것을 알고 이를 고려하고 있습니까? 로즈마리처럼 아침은 커피로 대신하고 점심에는 간단한 인스턴트식품으로 때우는 경우가 얼마나 많은지 모릅니다. 잠을 충분히 자거나 영양을 균형 있게 섭취하거나 운동을 하는 등, 건강을 유지하기 위한 노력을 하는 경우는 별로 없습니다. 정기적인 건강 검진을 위해 시간과 돈을 따로 마련하는 것은 어렵다고 생각하면서도 다른 일을 위해서는 시간과 돈을 아낌없이 투자합니다. 피곤함을 느끼는 것도 이상한 일은 아닙니다. 자동차나 다른 소유물과는 달리 우리의 몸은 예외적으로 혹사를 당하고 있습니다.

하나님께서는 우리의 몸을 영혼의 거처로 주셨습니다. 우리는 몸을 함부로 대할 아무런 권리도 가지고 있지 않음을 알아야 합니다.

마찬가지로 우리는 영적인 필요도 무시하지 말아야 합니다. 이사야 40:31에 보면 우리가 하나님을 의뢰할 때 새로운 힘을 얻는다고 합니다. 하나님과 함께 말씀과 기도로 시간을 보냄으로 우리의 영이 재충전되고 새로움을 얻을 때, 우리는 정신적, 영적, 감정적 에너지를 새로이 공급받게 됩니다.

동시에 예수님께서는 우리에게 쉼을 약속하셨습니다. 하나님의 사랑을 받기 위하여 애써 일할 필요가 없다는 사실을 확신함으로써 과도한 책임을 맡는 것으로부터의 쉼을 얻을 수 있으며, 하나님께서 영원히 우리를 버리지 않으신다는 약속을 믿고 염려에서 해방되어 쉼을 누릴 수 있고, 또한 우리 자신을 귀히 여기는 하나님의 관심을 배움으로 말미암아 건강에 대해 무관심하지 않게 됩니다.

직장 여성의 영적 생활 일기

피곤함이 삶의 생활 방식이 되어서는 안 됩니다.

기 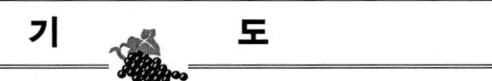 도

하나님, 제게 주님 안에서 쉼을 누리는 삶을 가르쳐 주소서. 주님께서 하라고 주신 일에 초점을 맞추어 저의 에너지를 쏟을 수 있게 하시고, 과도한 업무나 열매 없는 염려나 혹은 개인의 필요를 무시하는 삶 등으로 말미암아 제 에너지를 낭비하지 않도록 도와주소서. 저를 성령의 한량없는 능력으로 새롭게 하여 주소서. 아멘.

14

자신이 없어요

그런즉 누구든지 그리스도 안에 있으면
새로운 피조물이라.
이전 것은 지나갔으니
보라 새것이 되었도다.

고린도후서 5:17

> ### 잠깐 멈추어서…
>
> * 경험을 통해 무엇을 배울 수 있는지 생각해 봅시다.
> * 과거의 죄, 실망, 그리고 상처에서 해방되어 하나님께서 주시는 자유로움을 누립시다.
> * 그리스도 안에서 새것이 된 사실을 경험하도록 합시다.

내 친구 브렌다는 약 1년 전에 새로운 일을 시작했습니다. 최근에 브렌다는 사람들의 과거가 현재의 태도나 행동에 어떤 영향을 미치는지를 말하면서, 자기가 새로운 직장 동료들을 사귀는 과정에서 배운 바를 내게 이야기해 주었습니다.

"내가 각 사람을 잘 알아 가게 되면서 그들의 과거 배경에 대해 배운 바가 있었습니다. 그들은 주로 자기들의 어린 시절, 가족 상황, 혹은 과거의 경험에 대하여 말했습니다. 이를 들으면서 나는 현재 그들의 모습이 과거 경험의 산물임을 분명하게 볼 수 있었습니다. 그들이 왜 그런 행동을 하는지, 그리고 직업이나 직장 사람들과 연관하여 왜 그런 식의 태도를 가지는지를 아는 데 큰 도움이 되었습니다."

과거는 우리 삶에 상당한 부분을 차지합니다. 우리가 태어난 날, 또는 심지어 우리가 태에 있었던 날부터 우리에게 일어난 모

자신이 없어요

든 일은 성인이 되었을 때의 우리들의 모습에 영향을 끼칠 뿐만 아니라 우리가 살아갈 삶의 방향에도 영향을 끼칩니다.

예를 들어, 메리의 부모님은 매우 비판적이었기 때문에 메리가 우유를 엎지르거나 시험을 잘 치르지 못하거나 부모님의 말씀대로 제대로 행하지 못하는 등 실수를 할 때마다 벌을 주었습니다. 그 결과로 조금이라도 위험성이 있는 일이나 새로운 일을 시도하려면 실패할까 봐 두려워하였습니다.

세월이 지난 지금, 메리는 직장 내에서 승진 혹은 새로운 책임을 맡는 데에 어려움이 있습니다. 새로운 책임이 주어지거나 새로운 방식으로 일을 해야 하는 경우 지레 겁을 먹고 그 일을 피하려고 합니다. 만약 처음부터 그 일을 제대로 해내지 못한다면 심하게 비판을 받을 것이라고 생각하기 때문입니다.

만약 다음에 제시하는 것이 가능하다면 당신은 무엇을 택하시겠습니까? (1) 과거와 똑같이 다시 산다, (2) 과거를 완전히 지워 버린다, (3) 과거를 변화시킨다. 아마도 우리들 대부분은 "모두 다"라고 대답하고 싶을 것입니다. 사람들은 대개 즐겁고 의미 있었던 시절이나 사건은 다시금 경험하고 싶어 합니다. 그러나 또한 고통스럽고 비극적인 순간이나 어리석게 행동한 경우도 있는데, 이런 것은 영원히 잊어버리고 싶어 하기도 합니다. 또한 우리의 행동이나 선택 중에는 후회스러운 것도 있습니다. 그래서 다시금 그 상황으로 돌아가서 조금이라도 변화를 주거나, 적어도 손상된 부분만이라도 고쳤으면 합니다.

우리는 지나간 과거가 현재 모습뿐만 아니라 직장 생활을 어떻게 하느냐에 상당한 영향을 끼친다는 것을 알고 있습니다. 그러나 이런 사실이 우리에게 대한 하나님의 계획과는 어떤 관계가 있겠습니까?

　하나님께서는 경험을 통해 배울 수 있게 하신다. "경험은 최고의 선생이다"라는 오래된 격언은 아마도 그 근본을 성경에 두고 있을 것입니다. 야고보서를 보면 우리가 당하는 시험이나 고통스러운 경험들은 모두 믿음을 단련하여 결국에는 우리를 강건케 한다고 하였습니다. 고통스러운 경험으로부터 우리는 인내를 배우게 되며, 인내로 말미암아 우리가 "온전하고 구비하여 조금도 부족함이 없게" 된다고 야고보서 1:4에 나옵니다. 시련의 시기와 환경을 통해 믿음이 성장하는 것은 우리가 성숙한 그리스도인의 삶을 살도록 하기 위해 하나님께서 준비하신 계획의 일부입니다.

　유명한 성경 교사인 윌리엄 바클레이는 과거를 통해 배울 줄 아는 능력은 영적 지혜의 핵심을 차지한다고 했습니다. 야고보서에서는 하나님께 지혜를 구하고 이를 위해 하나님을 의뢰하라고 말합니다(야고보서 1:5 참조). 과거의 경험을 깊이 생각하며 그로부터 어떤 교훈을 배울 수 있는지를 깨달을 수 있도록 주님께 구해야 합니다. 부정적인 경험뿐만 아니라 긍정적인 경험 속에도 우리를 위한 매우 중요한 교훈이 들어 있습니다. 당신은 과거의 경험과 시련을 통해 어떤 교훈을 배웠습니까?

　하나님께서는 우리가 과거에 대해 **자유로움**을 누리게 하신다. 그러나 메리와 같은 사람의 경우에는 과거에 일어난 일이 현재 하나님께서 원하시는 대로 마음껏 살아가는 것을 방해하는 짐이 됩니다. 그들은 실수에 대한 죄책감, 상처에 대한 원망, 실패로 말미암은 자기 증오, 그리고 부정적인 경험으로 말미암은 실패감의 노예가 되어 인생을 살아 나갑니다. 이러한 정서적 부담감은 그들의 모든 행동에 영향을 미칩니다. 건전하고 행복한 관계를

자신이 없어요

누리지 못하게 할 뿐만 아니라 직장 일도 성공적으로 수행하기 힘들게 합니다. 약물 중독이나 다른 몹쓸 행동으로 빠지게 할 수도 있습니다.

그러나 그리스도를 통하여 우리는 거듭남에 대한 하나님의 약속을 받게 되었습니다. 우리는 죄책감과 분노와 실패감에 젖은 삶, 즉 과거의 짐 때문에 눌려 지내던 옛사람에 대하여 죽었습니다. 우리는 새로움과 희망 가운데 살 수 있도록 하신 그리스도를 의지하여 문자 그대로 새사람이 되었습니다.

당신을 처지게 만드는 과거의 경험은 무엇입니까? 자유를 주시는 하나님의 약속을 믿고 그분의 새로운 피조물로서의 삶을 시작하도록 하십시오.

기 도

하나님, 그리스도께서 기꺼이 저를 위하여 죽으심으로 과거의 죄와 실패에서 저를 자유롭게 하심을 감사드립니다. 그 은혜로 말미암아 제가 과거의 실패에 짓눌리지 않고 새로움과 희망 가운데 살 수 있게 되었습니다. 하나님, 또한 제가 과거를 통해 배울 수 있게 하시고, 인생에서 겪는 시련을 통하여 더욱 지혜로워지고 믿음이 강해지게 하심을 감사드립니다. 아멘.

직장 여성의 영적 생활 일기

15
상쾌한 출발

여호와여, 아침에 주께서 나의 소리를 들으시리니,
아침에 내가 주께 기도하고 바라리이다.

시편 5:3

직장 여성의 영적 생활 일기

> ### 잠깐 멈추어서…
>
> * 날마다 주님과 교제하는 삶을 발전시킵시다.
> * 아침 시간을 이용하여 하루의 견고한 기초를 쌓는 법을 배웁시다.

수요일 아침입니다. 알람을 껐습니다. 겨우 눈을 떴지만 온갖 근심거리가 생각납니다. 일을 하러 가야 한다는 생각 때문에 얼굴을 찌푸립니다. 사무실 책상에는 처리해야 할 서류가 산더미처럼 쌓여 있기 때문입니다. 어제는 동료와 다투었는데, 그 동료는 상처를 입고는 분을 내었습니다. 이제 그를 대하기가 겁이 납니다. 집세를 오늘까지 내야 합니다. 아들은 계속 말이 없고 퉁명스런 반응만 보입니다. 침대에서 그냥 뒤척이며 공상에 빠집니다. 만화 주인공처럼 굴을 파고들어 가서는 내 쪽에서 막아 버렸으면 좋겠다는 심정입니다.

우리의 삶은 너무나도 분주합니다. 매일매일을 이런 식으로 시작하면 하루가 끝나 갈 때까지 그런 식이 된다는 것이 그리 이상하지 않습니다.

시편 기자는 아침에 주님께 기도하며 자기의 필요를 주님 앞

상쾌한 출발

에 내려놓고 주님을 바란다고 했습니다. 당신은 시편 기자가 하나님께 자기의 모든 생활에서 역사하여 주실 것을 바라며 기대감에 가득 차서 설레는 마음으로 하루를 시작하는 모습을 그려 볼 수 있을 것입니다.

시편 기자와 같은 마음으로 하루를 시작하는 경우가 얼마나 됩니까? 우리의 매일은 찬송이 아니라 불평이나 신음 가운데 시작되는 경우가 더 많지 않습니까?

성경에는 아침마다 생기는 우리의 불평 소리를 막아 주고 해결해 주는 하나님의 약속들이 항상 준비되어 있습니다. 그러므로 우리가 성경의 약속으로 우리의 마음을 가득 채워야 한다는 것을 기억하기만 한다면 이 약속의 유익을 누릴 수 있습니다. 만약 우리가 하나님의 약속을 날마다 마음에 새기는 법을 배운다면, 아침마다 나오던 불평 소리가 하나님께 영광을 돌리는 소리로 바뀔 수 있습니다.

새로움을 주실 것에 대한 약속. 앞에서 말한 영적 휴지통을 활용하지 못하게 막는 것이 있습니다. 우리는 바로 전날 남은 짐 때문에, 즉 실수한 것, 다툰 것, 그리고 다시 물릴 수만 있다면 물리고 싶은 무분별하고 불친절한 말과 행동 때문에, 낙담한 채로 하루하루를 시작합니다. 아니면 더 오래된 짐, 즉 몇 날 아니면 몇 달 혹은 몇 년 전에 생긴 일 때문일지도 모릅니다. 지난날의 상처와 죄악 때문에 감정적으로, 영적으로, 그리고 정신적으로 짐을 진 상태에서 하루를 기쁨으로 맞이한다는 것은 참으로 어려운 일입니다.

성경의 분명한 약속 중의 하나는 새로움에 대한 약속입니다. 우리는 단지 이 약속을 주장하며 하나님께 나아가 하나님의 용서를 구하고, 하나님의 은혜와 사랑으로 새로운 사람으로 만들어 달라는 기도를 하면 됩니다. 지난날 우리가 지은 죄악은 이제 용서를 받았습니다. 과거의 실패로 얼룩진 우리는 이제 오점이 하나도 없는 깨끗한 백지 상태가 되었습니다. 우리가 새로운 사람이 되었음을 알고 매일매일을 시작한다면, 이제 하루 24시간은 하나님께서 우리에게 약속하신 풍성한 삶을 경험할 수 있는 새롭고 귀한 선물이 됩니다.

어떤 짐을 지고 있더라도 하나님께 구하기만 한다면 하나님께서는 우리를 새롭게 하실 능력이 있으십니다. "내가 그들에게 일치한 마음을 주고 그 속에 새 신을 주며 그 몸에서 굳은 마음을 제하고 부드러운 마음을 주어서"(에스겔 11:19).

능력을 주실 것에 대한 약속. 하루를 내다보면서 때로 우리에게 닥치는 수많은 일들을 다 할 능력이 없다고 느낄 때도 있습니다. 또 하루를 문젯거리와 근심거리를 해결하면서 지내야 한다는 생각은 그리 매력적인 전망이 되지 못합니다. 직장 일의 스트레스로 말미암아 우리가 마치 늘어나다가 더 이상 탄력이 없어서 끊어지는 고무줄처럼 되지는 않을까 하는 두려움조차 생깁니다. 감정적, 재정적, 영적, 혹은 신체적 근심거리는 우리의 에너지를 서서히 빼앗아 갑니다. 그리고 새로 맞이하는 하루를 또 동일한 문젯거리를 다루며 지내야 한다는 생각 자체만으로도 피곤함을 느낍니다.

우리 자신의 힘은 대개 우리가 직면한 도전을 감당하기에는 부족할 때가 많습니다. 그렇기 때문에 하나님을 의뢰하는 것이 그리스도인 훈련의 핵심적인 요소가 됩니다. 시편 기자는 하나님께 다음과 같이 부르짖었습니다. "나는 주의 힘을 노래하며, 아침에 주의 인자하심을 높이 부르오리니, 주는 나의 산성이시며, 나의 환난 날에 피난처심이니이다"(시편 59:16). 우리는 이사야처럼 하나님께 구해야 합니다. "여호와여, 우리에게 은혜를 베푸소서. 우리가 주를 앙망하오니, 주는 아침마다 우리의 팔이 되시며, 환난 때에 우리의 구원이 되소서"(이사야 33:2).

동행하여 주실 것에 대한 약속. 심한 어려움을 마침내 통과했거나 직장에서 까다로운 프로젝트를 완성했을 때, 혹은 상을 받았을 때, 친구 혹은 사랑하는 사람에게 "당신이 없었으면 불가능했을 것입니다"라고 말한 적이 있습니까? 우리와 함께 일하는 다른 사람의 도움을 받으면, 혼자서는 도저히 극복할 수 없는 어려움들을 이겨 내고 또한 불가능한 것처럼 생각했던 일들을 성취할 수 있습니다. 아무도 나의 협조자가 되려고 하지 않는다든지, 혹은 내게 일어나는 일에 관심을 보이거나 함께 헤쳐 나가려는 사람이 하나도 없을 때 우리는 쓸쓸함을 가장 많이 느끼게 됩니다.

하나님께서는 우리와 항상 함께하여 주시겠다고 약속하십니다. 그리고 항상 우리 편에 계시겠다고 하십니다. 하나님께서는 이 복잡한 세상에서 그리스도의 본을 따라 살고자 할 때 받는 도전을 감당할 수 있도록 하기 위해 우리와 함께하시기를 원하십니다. 우리가 구하기만 하면, 어려운 시절을 견뎌 내는 것이든 혹은 뛰어난 작품을 만드는 것이든, 우리가 하는 모든 일을 하나님과 함께 할 수 있습니다.

우리 안에 거하시는 그리스도와 인도하시는 성령과 우리와 늘 함께하시는 사랑의 하나님께서 도와주시기 때문에 우리 삶에서 일어나는 어떤 일도 우리를 압도하지 못합니다. 우리는 다윗처럼 찬양할 수 있습니다. "아침에 나로 주의 인자한 말씀을 듣게 하소서. 내가 주를 의뢰함이니이다. 나의 다닐 길을 알게 하소서. 내가 내 영혼을 주께 받듦이니이다"(시편 143:8).

기 도

주님, 주님께서는 제가 기쁨으로 새로운 하루를 시작할 수 있도록 자원을 풍성히 허락하셨습니다. 제가 주님의 함께하심으로 말미암아 기쁨에 가득 차서 일어나며, 매 순간마다 주님의 사랑을 기억할 수 있도록 도와주옵소서. 아멘.

16

멋진 마무리

낮에는 여호와께서 그 인자함을 베푸시고
밤에는 그 찬송이 내게 있어
생명의 하나님께 기도하리로다.

시편 42:8

> ### 잠깐 멈추어서…
>
> * 하루를 잘 끝맺는 법을 배웁시다.
> * 진정으로 쉼을 누리는 삶을 삽시다.

몇년 전에 별로 대단해 보이지 않는 증세 때문에 의사를 찾아간 적이 있습니다. 증세는 아침에 일어날 때 가장 심했는데, 이 때문에 하루를 편안한 마음으로 시작하지 못했습니다.

의사는 몇 가지 약을 주었는데, 매일 잠자리에 들기 전에 먹어야 하는 것이었습니다. 그날 밤 집에 돌아왔을 때 의사의 지시대로 약을 먹었습니다. 그다음 날 아침에 나는 상쾌한 기분으로 일어날 수 있었습니다.

그러나 시간이 흐르자 약 먹는 것을 잊고 자는 경우가 생기기 시작했습니다. 그 결과 아침에 일어날 때 그 증상 때문에 고생하는 날이 많아졌습니다.

그때를 생각해 보면, 내가 얼마나 무책임하게 행동했는지 놀랄 뿐입니다. 병을 치료하기 위하여 내가 해야만 했던 일은 잠자기 전에 약을 복용하는 것뿐이었습니다. 그런데도 어떤 이유에서인

멋진 마무리

지 나는 의사의 그런 명쾌한 처방을 무시했고, 상쾌하지 못한 그 증상 때문에 계속 고생을 해야 했습니다.

영적 생활에서도 우리는 때로 그런 식으로 행동할 때가 많습니다. 잠을 편안히 자고 다음 날 아침을 기분 좋게 시작하기 위해, 하루를 마친 후에 하나님과 함께 교제하며 기도하는 일에 시간을 들이는 대신에, 우리는 영적 '명약'을 침대 곁에 두고는 그 날 하루 동안 얻은 여러 질병을 안고 잠자리에 듭니다. 그 결과는 대개 깊은 잠을 자지 못하고 자주 깨거나, 여러 가지 생각에 가득 차서 편안한 쉼을 전혀 누리지 못하는 것으로 나타납니다. 우리는 마치 전도서에 나오는 사람과 같은 나날을 보냅니다. "일평생에 근심하며 수고하는 것이 슬픔뿐이라. 그 마음이 밤에도 쉬지 못하나니 이것도 헛되도다"(전도서 2:23).

다 알다시피 우리는 하나님의 약속을 힘입어 매일매일을 기분 좋게 시작할 수 있습니다. 이제 이렇게 시작한 하루를 평안한 가운데 기도로 마치는 법을 생각해 봅시다.

근심을 하나님께 맡기라. 근심과 걱정을 하나님께 맡기지 않는다면 우리 마음은 밤새도록 이에 시달리며 우리에게 꼭 필요한 육체적, 감정적 휴식을 취하지 못하게 됩니다. 밤새도록 근심 걱정 때문에 안절부절못한다고 해도 우리에게는 거의 유익이 없습니다. 대신에 우리는 다음의 권면을 받아들여야 합니다. "네 짐을 여호와께 맡겨 버리라. 너를 붙드시고 의인의 요동함을 영영히 허락지 아니하시리로다"(시편 55:22).

그러나 하나님께 맡기는 것은 말만큼 쉽지는 않습니다. 우리는 "주님, 이 문제를 주님께 맡깁니다"라고 한 후에도 마치 요요 놀이를 하듯이 그 문제를 하나님에게서 다시 가져와 걱정을 하며 온밤을 지새웁니다. 만약 당신에게 이런 경향이 있다면 당신의 염려를 하나님께 맡기는 상징적인 행동을 해 보기를 권합니다. 침대 곁에 노트를 마련해 두고는 당신에게 생기는 모든 염려를 기록해 보십시오. 기록했으면 그 종이를 구겨서 휴지통에 버리십시오. 혹은 잘 준비를 할 때 침대 곁에 물을 가득 채운 컵을 준비해 놓으십시오. 그리고 나서 잠자리에 들기 바로 전에 물을 싱크대에 버리고 물이 사라지는 것을 관찰하십시오.

그날 있었던 좋은 일을 기억하고 하나님께 감사하라. 동료의 친절한 말, 상사의 칭찬, 아이가 갑자기 껴안아 준 일, 멀리 있는 친구의 편지, 기분 좋았던 운동 연습 시간, 성경 말씀으로 격려를 받은 것 등등 좋은 일에 초점을 맞추는 법을 배우도록 하십시오. 심지어 최악의 날이라고 해도 하나님께 감사할 일이 많을 것입니다. 감사하는 마음을 계발하면 우리의 시야를 다시금 조절할 수 있게 되며, 시련보다는 받은 축복을 세어 볼 수 있게 됩니다.

의사 결정을 내릴 때 하나님의 인도하심을 구하라. 어려운 결정에 직면하게 되면 마치 잠을 빼앗아 가는 강도를 만난 것과 같습니다. 뜬눈으로 밤을 지새며 여러 대안의 장단점을 이리저리 비교해 봅니다. 어떤 것을 선택했을 때의 결과를 신중히 평가해 보기도 합니다. 심지어는 미래 상황으로 들어가서 각 대안을 선택했을 때에 일어날 일들을 상상해 보기도 합니다.

우리가 하나님의 인도하심을 구할 때면 쓸쓸함을 덜 느낍니다. 자신의 지혜가 부족하여 더 이상 갈등하지 않아도 됩니다. "모든 것을 가르치시고" 예수님께서 우리에게 말씀하신 것을 생각나게 해 주시는 성령의 도우심을 의뢰할 수 있습니다(요한복음 14:26). 물론 다음 날 아침이 되어도 결정해야 할 문제는 여전히 우리를

멋진 마무리

기다리고 있지만, 그러나 혼자서 결정을 내리지 않아도 됨을 인하여 편안히 잠을 잘 수 있게 됩니다.

하나님의 용서를 구하라. 이미 배운 바와 같이 용서받지 못한 죄로 인한 짐은 상당히 큰 것입니다. 이 때문에 우리는 새로운 하루를 피곤함과 근심 가운데 시작하게 될 뿐만 아니라 잠도 편히 잘 수 없게 됩니다. 그날 지은 죄를 하나님께 자백하고 용서를 구하면 새로워지는 것을 느낄 수 있습니다. 이는 다음 날을 새롭게 시작할 수 있으며, 또한 과거의 짐을 벗었다는 것을 확신하기 때문에 가능합니다. 이 확신으로 말미암아 우리의 몸과 마음은 쉼을 얻게 되는 것입니다.

심히 피곤하고 지치고 힘들었던 하루를 마감하는 시점에서 우리는 편히 쉼을 누릴 수 있습니다. "나를 훈계하신 여호와를 송축할지라. 밤마다 내 심장이 나를 교훈하도다"(시편 16:7).

기 도

주님, 제가 평강을 누리도록 여러 가지 길을 보여 주시니 감사를 드립니다. 주님께서 저를 사랑으로 돌보시며, 끊임없이 용서하시고, 항상 인도하여 주시며, 또한 한량없는 은혜를 부어 주심으로 제가 심령에 참평안을 누리며 하루하루를 마칠 수 있습니다. 제가 주님의 자녀인 것이 얼마나 큰 축복인지 모르겠습니다. 아멘.

직장 여성의 영적 생활 일기

17
시간은 가는데

우리에게 우리 날 계수함을 가르치사
지혜의 마음을 얻게 하소서.
시편 90:12

잠깐 멈추어서…

* 우리가 시간을 어떻게 보내고 있는지 분석해 봅시다.
* 우리의 시간 사용이 우선순위대로 이루어지고 있는지 생각해 봅시다.

셰리는 서류 뭉치와 파일, 그리고 스프링으로 묶인 두꺼운 책을 가지고 회의실로 들어왔습니다.

"새로운 개인 시간 관리 체제의 일부입니다"라고 하면서 셰리는 그 책을 내게 보여 주었습니다. 그 책은 날짜별로 한 페이지씩 할당되었고, 날마다 우선순위에 따라 할 일을 기록할 수 있도록 빈칸이 마련되어 있었습니다. 또 "시간이 남는다면"이라는 항목도 있었습니다. 또한 한 해의 목표, 월별 목표, 주간 목표, 하루의 목표를 적는 곳뿐만 아니라 주소와 전화번호를 적는 곳도 있었습니다. 심지어 업무 후의 일정을 적을 수 있는 칸도 보였습니다. 모든 면이 상당히 인상적이었습니다.

"체제가 놀랍지 않습니까? 한번 써 보시겠어요?"라고 셰리가 나를 바라보며 말했습니다.

셰리의 말이 옳을지도 모르겠습니다. 하나님께서도 시간 활용

시간은 가는데

면에서 내가 도움이 필요하다는 것을 알고 계실 테니까요.

당신의 경우는 어떻습니까? 하루 일정을 거의 마치고 나서 도대체 8시간 동안 무엇을 했기에 이것밖에 한 것이 없는가 하는 생각을 자주 하지 않습니까? 아니면 토요일 아침에 일어났을 때는 정오까지 거실 옷장을 정리하리라 마음먹었지만, 오후 4시쯤 되어서는 다른 여러 가지 일은 다 해 놓고도 거실 옷장 정리만 쏙 빼놓은 것을 알게 된 적은 없습니까?

최근 들어 시간 관리에 대한 관심이 높아지고 있습니다. 이는 전 세계적인 현상이며 미국도 예외는 아닙니다. 하나님께서는 시간을 잘 사용하기를 원하십니다. 그러나 세상의 기준에서가 아니라 하나님의 기준을 따라 사용하기를 원하십니다.

우리의 모든 시간과 모든 날들은 하나님의 선물입니다. 그리고 이의 사용을 통해 우리는 하나님께서 주신 복을 잘 관리하는 청지기로서의 삶을 연습하는 것입니다. 만일 우리가 효과적인 시간 사용에만 집착한다면 우리는 반드시 그렇게 하는 이유와 목적이 무엇인지 자문해 보아야 합니다.

당신은 당신에게 허락된 오늘 하루 동안 무엇을 성취하기 원하십니까? 이번 주 동안에는? 이 달에는? 올해에는? 당신의 평생 동안에는? 당신에게 시간을 주신 하나님께서는 당신이 그 시간으로 무엇을 하기 원하시겠습니까? 이를 마음에 두고 다음의 일들에 우선순위를 매긴다면 당신은 어떻게 하시겠습니까?

___ 출근
___ 거실 옷장 정리
___ 교회 바자회 봉사

___ 친구와 피자 먹기
___ 책 읽으며 쉬기
___ 요리
___ 아들의 피아노 대회 참관
___ 딸아이 숙제 도와주기
___ 부친상을 당한 친구에게 전화
___ 성경공부 참석

이외에도 당신이 평소에 매주 하던 일상적인 일들을 모두 기록해 보십시오. 이 모든 일에는 시간이 필요하며, 이 모든 것을 다 할 시간은 없습니다. 당신의 시간을 어디에 들일 것인가를 어떻게 결정하십니까? 말처럼 쉽지는 않지요?

새로운 업무를 맡는다고 한번 상상해 보십시오. 상사가 컴퓨터 출력물을 한 뭉치 가지고 와서는 "오후 두 시까지는 이 일을 다 마치세요"라고 하고는 무엇을 어떻게 하라는 말도 없이 발길을 돌려 사라졌습니다. 당신이 세상에서 가장 일을 잘하는 사무원이라고 해도 무엇을 해야 하는지도 모른다면 도저히 일을 끝낼 수 없을 것입니다.

에베소 교회에 보낸 바울의 편지를 살펴봅시다. "그러므로 어리석은 자가 되지 말고 오직 주의 뜻이 무엇인가 이해하라"(에베소서 5:17). 만약 당신과 내가 직장에 갈 필요도 없고, 가사를 돌보지 않아도 되며, 우리 가족들의 필요를 채우기 위해 이곳저곳 다니지 않아도 된다고 할지라도, 우리를 향하신 하나님의 뜻이 무엇이며 하나님의 일이 무엇인지를 모른다면, 우리는 여전히 하나님의 뜻을 행하거나 하나님의 일을 성취할 수 없게 됩니다. 우리가 몇몇 중요한 우선순위를 정하지 않는다면 하나님께서 우리에게 주신 귀한 선물인 시간이라는 자원을 효과적으로 관리할 수 없습니다.

예수님께서는 하나님께서 우리에게 다른 무엇보다도 다음의 두 가지를 원하신다고 하셨습니다. 첫째는 하나님을 사랑하고 섬기는 것이며, 둘째는 다른 사람들의 필요를 채우는 것입니다(마태복음 22:37-40). 시간을 효과적으로 잘 관리하려면, 기본적인 이 두 가지에 헌신하는 것부터 시작해야 합니다. 일단 이 두 가지에 분명한 우선순위를 둔 후에, 우리 앞에 닥친 여러 가지 일을 분류하여 하나님께서 우리에게 원하시는 즐겁고 풍성한 생활 방식을 개발해 나가야 합니다.

스트레스 요인 중에서 가장 부담스러운 것은 우리가 별로 중요하지 않은 일에 시간을 허비하고 있으며, 더구나 하는 일이 무의미하고 가치가 없다는 느낌이 들 때입니다. 그러나 마음을 새롭게 하기 위하여 책을 읽든, 쉬는 날에도 직장에서 일을 하든, 혹은 집이 없는 사람들을 위한 숙식 장소를 수리하기 위해 밤낮으로 일을 하든, 모든 일에 하나님의 계명과 그리스도의 본을 따라 우리의 시간을 투자하고 있다면, 진정으로 중요한 일에 우리의 시간을 사용하고 있다는 것을 확신할 수 있습니다.

그리스도인에게 있어서 효율적인 시간 관리란 단순히 좀 더 많은 서류 작업을 끝내거나 크리스마스 전까지 차고를 청소하는 것과 같은 것에 국한된 것이 아닙니다. 사랑하며 섬기라는 하나님의 계명을 우리의 삶의 여러 결정에 적용하는 것입니다. 또한 하나님께서 우리에게 주신 시간이라는 귀한 자원을 소중히 사용하는 것을 말합니다.

기 도

하나님, 제게 시간이라는 귀한 선물을 주시니 감사드립니다. 저를 인도하사 제게 주어진 시간을 주님의 영광을 위해 사용할 수 있도록 도와주옵소서. 그리하여 제가 주님의 선한 청지기로서 살아가도록 하소서. 아멘.

제 3 부

효과적인
직장 생활을 위하여

직장 여성의 영적 생활 일기

18

여기 규칙은...

네 하나님 여호와의 명령을 지켜
그 도를 행하며
그를 경외할지니라.
신명기 8:6

> ## 잠깐 멈추어서…
>
> * 직장에서 흔히 보게 되는 규칙을 생각해 봅시다.
> * 하나님의 법이 직장에 어떻게 적용될 수 있는지 탐구해 봅시다.

어느 직장이든 나름대로의 규칙이 있습니다. 다음에 제시하는 것들이 익숙하게 들리지 않습니까?

* 일하러 들어오기 전에 반드시 손을 씻으십시오.
* 흡연 지역 외에서는 금연.
* 이곳에 출입할 때는 안전모를 착용하십시오.
* 비상시에만 방화문을 사용하십시오.
* 냉방 온도는 18℃ 이하로 내리지 마십시오.
* 모든 구매는 감독자의 허락을 받으십시오.
* 포트에 남은 물을 다 마신 후에는 반드시 채워 놓으십시오.
* 수하물 적재 구역에 아침 8시부터 오후 5시까지는 주차 금지.

직장 내에서는 우리가 가는 곳마다 나름대로의 규칙이 있음을

여기 규칙은…

봅니다. 게시판에도 붙어 있고, 직무 편람에도 실려 있으며, 구매 양식 서류에도 인쇄되어 있고, 복사기 옆에도 지침이 붙어 있습니다. 또한 휴게실이나 사무실의 벽면에도 붙어 있습니다. 물론 이렇게 기록된 것은 모두 공식적인 것입니다. 이에 덧붙여 모든 직장에는 비공식적이지만 기록되지 않은 규칙도 있습니다. 예를 들면 다음과 같습니다.

* K와 점심을 먹을 때는 생선을 주문하면 안 된다. 생선 냄새를 너무도 싫어한다.
* 비록 퇴근 시간이 되었더라도 상사보다 먼저 퇴근해서는 안 된다.
* 상사보다 더 고급 차를 몰아서는 안 된다.
* 퇴근하기 전에 자기 자리를 깨끗이 치워야 한다. 그래야 사무실 전체가 깔끔하게 보인다.
* 업무가 바쁜 시기에는 휴가를 신청해서는 안 된다.

이처럼 기록되었든 혹은 그렇지 않든 직장마다 나름대로의 규칙이 있는데, 우리가 살아가야 할 길을 보여 주시는 하나님의 계명과 명령은 어디에 있으며 어떻게 지킬 수 있겠습니까? 행여나 직장에 갈 때에는 하나님의 계명을 제쳐 두고, 집에 올 때 다시 계명을 기억하는 삶을 살고 있지는 않습니까?

오늘날 우리가 건전하다고 생각하는 경영 원리의 상당 부분이 실제로는 성경에 나오는 원리를 풀어 쓴 것과 다름이 없다는 사실이 흥미롭습니다. 예를 들어 선지자 미가는 다음과 같이 말했습니다. "여호와께서 네게 구하시는 것이 오직 공의를 행하며 인자를 사랑하며 겸손히 네 하나님과 함께 행하는 것이 아니냐?" (미가 6:8). 이를 오늘날의 직장 생활에 적용해 본다면, 다른 사람을 공평하게 대하고, 인내하고 용서하며, 겸손하게 행동하는 것이라 할 수 있습니다.

분명히 이러한 원리대로 산다면 어떤 회사에서라도 유익한 결과를 얻을 수 있으며, 회사의 상사나 부하 직원 모두가 함께 일하기가 쉬워지는 것을 경험할 것입니다. 팀 개념, 협력, 직원 만족 등과 같이 요즘 직장에서 강조하는 요소들에 집중하면서, 동시에 성경에서 보여 주는 원리를 따라 그에 합당한 자질을 발전시키면 더 나은 분위기 가운데 근무할 수 있을 것입니다.

특별히 직장에서 유익한 또 다른 성경 원리를 살펴봅시다. "내 사랑하는 형제들아, 너희가 알거니와 사람마다 듣기는 속히 하고, 말하기는 더디 하며, 성내기도 더디 하라"(야고보서 1:19). 직장에 있는 모든 사람이 이 원리를 따른다면 어떤 변화가 일어나겠습니까? 직원들에게 일을 지시하는 책임자는 반복해서 말하지 않아도 될 것입니다. 부하 직원들이 주의를 기울여 잘 듣기 때문입니다. 실수나 오해는 덜 일어날 것입니다. 그리고 무분별한 말이나 불친절한 말도 줄어들 것입니다. 사람들이 말하기 전에 더욱 주의 깊게 생각할 것이기 때문입니다. 그리고 의견 충돌이 일어나 폭발 직전에 이를 때 흥분하여 자제심을 잃는 대신에 '성내기를 더디 하면서' 자신의 감정을 가라앉히는 시간을 갖고 문제를 이성적으로 바라보기 시작할 것입니다.

직장 생활에서 진정한 자산이 될 만한 또 다른 구절은 다음과 같습니다. "아무에게도 악으로 악을 갚지 말고 모든 사람 앞에서 선한 일을 도모하라. 할 수 있거든 너희로서는 모든 사람으로 더

여기 규칙은…

불어 평화하라"(로마서 12:17-18). 이 구절에 담긴 원리가 당신의 직장 생활에 끼칠 영향을 한번 생각해 보십시오. 참으로 놀랍지 않습니까? 만약 직원 지침서나 규칙을 적어 놓은 게시판, 그리고 모든 안내서에 이와 같은 성경의 원리를 집어넣는다면 오늘날의 직장은 총체적인 변화를 경험하게 될 것입니다!

하나님의 법은 이 땅에 회사가 생기기 훨씬 전에 만들어졌습니다. 직장 생활에 컴퓨터나 대인 관계의 심리학이 적용되기 훨씬 이전입니다. 그럼에도 하나님의 법은 광야에서 방황하던 이스라엘 백성이나 새로이 태동하던 초대 교회의 필요에 맞고 유익했던 것처럼 오늘날의 다국적 거대 기업에도 유익하고 적합합니다. 직장 생활에서 하나님의 법이 더욱 많은 영향을 끼치도록 하기 위하여 당신이 이번 주에 할 수 있는 일은 무엇입니까?

기 도

하나님, 하나님의 지혜는 참으로 놀랍습니다. 광통신과 인공위성과 활발한 국제 무역의 시대에도, 인간의 사회생활에 대하여 주님께서 주신 법은 비록 오래된 것임에도 불구하고 최신식 컴퓨터 칩만큼 시기적절한 것을 봅니다. 저의 날마다의 생활 속에서 주님의 법의 완전함을 제 시야 가운데서 놓치는 일이 없도록 도와주옵소서. 아멘.

직장 여성의 영적 생활 일기

19
나는 뭐야

각각 자기의 일을 살피라.
그리하면 자랑할 것이 자기에게만 있고
남에게는 있지 아니하리니,
각각 자기의 짐을 질 것임이니라.
갈라디아서 6:4-5

> ### 잠깐 멈추어서…
>
> * 우리는 왜 다른 사람과 자기를 비교하는지를 생각해 보고, 이런 습관을 깨는 법을 생각해 봅시다.
> * 우리 자신의 독특함에 대해 감사하는 법을 배웁시다.

아이들이 다 자란 후에, 제니는 경기장 리포터가 되기 위하여 다시 대학 공부를 시작했습니다. 모든 과제를 열심히 했고, 수업은 하나도 빼먹지 않았으며, 높은 학점을 받은 것을 자랑으로 여겼습니다. 이 인생의 새로운 단계를 제니는 너무나도 즐겼습니다.

어느 날 제니의 교수 중 한 분이 제니가 풀이 죽어 있는 얼굴을 보았습니다. 평소의 열정적이고 적극적인 태도와는 완전히 다른 모습이었습니다. 수업 후에 교수는 제니에게 무슨 일이 있느냐고 물었습니다.

"저는 뒤떨어진 삶을 살고 있는 것 같아요"라고 제니는 대답했습니다.

"무슨 뜻이지요?"

제니는 설명을 덧붙였습니다. "오늘은 강의실을 한번 주욱 돌

나는 뭐야

아보았는데, 출석자가 반도 채 안 된다는 것을 알게 되었습니다. 저는 사람들이 수업을 받고 싶지 않으면 언제라도 수업을 빠진다는 것을 알고 있습니다. 결국 모든 수업에 다 참석하지 않아도 졸업은 할 수 있으니까요.

"때로 제가 다른 학생들과 대화를 하다 보면, 공부를 진지하게 생각하며 열심히 하는 사람은 저밖에 없는 것처럼 보여요. 물론 실상은 그렇지 않다는 것을 저도 잘 알고 있기는 해요. 저처럼 열심히 공부하는 사람들이 많다는 것을 알고 있어요. 그러나 저는 주류에 끼이지 못한다고 느껴집니다. 제가 생각건대, 결국에는 별로 힘들이지 않고 그럭저럭 지내도 이 과정을 잘 끝낼 수 있는데도, 저만 이 공부에 저의 모든 힘을 쏟는 것 같아 마음에 갈등이 생기는 것 같습니다. 그래서 뒤떨어진 삶을 살고 있다는 생각이 드는 거예요."

"제니, 처음에 이 학교에 들어온 목적은 무엇이었지요?"라고 교수가 물었습니다.

"보수가 좋은 직장을 얻기 위해서였습니다. 또한 무엇인가 도전해 보고 싶은 마음도 있었고, 아이들을 키울 때 별로 주목을 받지 못했던 나의 삶을 새로이 발전시켜 보고 싶었습니다."

"그럼, 원하던 바를 얻어 가고 있습니까?"라고 교수가 물었습니다.

"물론입니다! 다시 학교에 다니기 시작한 것은 제가 할 수 있는 최고의 선택이었습니다."

"그렇다면 다른 학생들이 열심을 내지 않는 것이 진정으로 문제가 됩니까?"

제니는 미소를 지었습니다.

"물론 문제까지 되지는 않습니다. 교실을 둘러보는 것보다는 제 자신이 원래 세웠던 목표에 집중하는 것이 필요한 것 같습니다. 그렇지요?"

제니는 비교하는 것에 관한 중요한 교훈을 얻었습니다. 슈퍼마켓에서 여러 상품을 비교해 보고 구매하는 것은 돈을 절약하는 한 가지 방법이 됩니다. 그러나 다른 사람들과 비교하는 습관은 불행을 초래할 뿐입니다. 그럼에도 세상은 사람들로 하여금 계속 비교하도록 부추깁니다. 특히 직장이라는 환경은 가는 곳마다 비교하는 분위기가 만연되어 있습니다.

대학을 졸업하고 다녔던 최초의 직장에서 나는 비교적 높은 급여를 받고 있다고 생각했습니다. 어느 날 나와 동일한 일을 하고 있으며, 경력이나 학력도 비슷한 베티가 나보다 훨씬 높은 급여를 받고 있다는 것을 알기 전까지는 모든 것이 만족스러웠습니다.

나는 너무나 속이 상해서 상사에게 이에 대하여 물었습니다. 그는 이렇게 말했습니다. "처음에 입사할 때 베티는 당신보다 입사 조건 협상을 까다롭게 했기 때문이지요."

이 말을 듣고도 그리 기분이 나아지지 않았습니다. 비교하는 마음 때문에 직장 업무를 즐기지 못하게 되었을 뿐만 아니라 베티와의 관계도 영향을 받게 되었습니다. 제니의 교수와 같은 분이 있어서 나의 생각을 올바로 잡아 주었더라면!

비교하는 마음은 여러 가지 부정적인 영향을 끼칩니다.

나는 뭐야

비교하는 마음은 우리의 시야를 영적 기준이 아닌 인간적인 기준에 쏠리게 한다. 우리가 높은 기준이든 낮은 기준이든 주위 사람들의 기준에 맞추려고 애쓰게 되면 하나님의 기준과는 타협을 하게 됩니다. 우리는 하나님의 기준에 맞추려고 하기보다는 다른 사람들의 기준에 맞추려고 하거나 그 기준에 도달하려고 더욱 신경을 씁니다. 궁극적으로 우리의 삶에 대한 평가는 하나님께 달려 있기 때문에 만약 비교하려면 하나님을 바라보아야 합니다. "이러므로 우리 각인이 자기 일을 하나님께 직고하리라"(로마서 14:12).

비교하는 마음은 관계를 위협한다. 다른 사람과 비교하는 마음을 가지고 있으면 우리는 그들을 그리스도께서 우리에게 가르쳐 주신 사랑과 용납의 마음으로 바라볼 수 없습니다. 우리는 늘 다른 사람들이 우리 기준에 도달하고 있는지, 혹은 우리가 그들의 기준에 도달하는지를 살피며, 그들을 평가합니다. 비교하는 마음을 가지면 신실하고 진정한 관심을 나누는 관계를 맺을 수 없습니다.

비교하는 마음은 투기를 일으킨다. 성경에서는 투기하는 마음이 인간 본성 중에서 가장 바람직하지 않으며 파괴적인 것이라고 말하는데, 투기는 우리가 다른 사람들과 비교하는 마음을 가질 때 생기기 시작합니다.

비교하는 마음을 통해 질투와 투기라는 괴물이 우리의 삶에 자리 잡도록 허락하면 우리의 영적 삶뿐만 아니라 날마다 누릴 수 있는 행복에도 큰 위협이 됩니다.

직장 여성의 영적 생활 일기

기 도

하나님, 제가 비교하는 마음에서 자유로워지도록 도와주시옵소서. 오직 주님께서 원하시는 사람으로 변화되는 일에 힘쓰게 하소서. 제가 저의 삶을 주님의 말씀과 제게 이루어 주신 주님의 역사하심을 기준으로 삼아 평가하는 태도를 갖게 하옵소서. 아멘.

20
저 사람은 좋겠다

마음의 화평은 육신의 생명이나
시기는 뼈의 썩음이니라.
잠언 14:30

> ### 잠깐 멈추어서…
>
> * 투기하는 마음에서 벗어나는 비결을 터득합시다.
> * 투기하는 마음을 불러일으킬 수 있는 상황을 조심합시다.

이것은 연습입니다. 아래에 주어진 빈칸에 당신이 가지고 싶어 하는 것을 가지고 있는 사람을 5명 기록하십시오. 개인적인 자질, 재능, 직업, 인간관계, 혹은 기타 좋은 조건을 가진 사람들일 것입니다. 그 이름 옆의 빈칸에는 당신이 가지고 싶어 하는 것을 기록하여 보십시오.

1.
2.
3.
4.
5.

우리들 대부분은 위에서 언급한 것보다 훨씬 많은 내용을 기록할 수 있을 것입니다. 운동을 잘하는 캐시, 영적으로 성숙한 단, 조직 능력이 뛰어난 린 등, 나는 친구들만 생각해도 내가 가지고 싶은 것을 많이 발견할 수 있습니다.

하나님의 계획의 멋진 신비 중의 하나는 우리 각자를 다르게 만드시고, 또한 서로 다른 자원과 환경을 허락하셔서, 그분의 역사를 수행하는 데에 각자가 독특하게 쓰이도록 하신다는 것입니다. 그러나 불행하게도 우리는 모두 연약한 인간으로서 항상 그리스도를 닮은 태도를 갖는 것은 아니기 때문에 하나님께서 허락하신 이러한 다른 점이 투기와 질투를 일으킬 수 있습니다.

구약성경과 신약성경 모두 반복해서 투기하는 마음을 경계하고 있습니다. 욥기 5:2에서는 "분노가 미련한 자를 죽이고, 시기가 어리석은 자를 멸하느니라"라고 말합니다. 예수님께서는 우리의 속에서 나와 우리를 더럽히는 것 가운데에 시기하는 마음을 포함시키셨습니다. "속에서 곧 사람의 마음에서 나오는 것은 악한 생각 곧 음란과 도적질과 살인과 간음과 탐욕과 악독과 속임과 음탕과 흘기는 눈(시기)과 훼방과 교만과 광패니"(마가복음 7:21-22). 갈라디아서에 나오는 육체의 일에는 시기와 투기하는 마음이 모두 들어 있습니다(갈라디아서 5:20-21). 또한 고린도전서에서는 고린도 교인들이 여전히 육신에 속하였다고 하였는데, 그 이유는 그들 가운데 "시기와 분쟁"이 있기 때문이었습니다(고린도전서 3:3).

우리가 원하는 것을 다른 누군가가 가진 것을 볼 때 시기심이 일어납니다. 그 결과, 우리는 현재의 처지에 대하여 불만족을 느끼며, 그 사람에 대하여 불쾌한 마음을 갖습니다. 시기심은 이런 마음에다가 두려움이라는 요소를 더합니다. 우리에게는 없는 것을 가진 그 사람이 우리보다 더 사랑과 존경과 인정을 받는 것을 두려워하는 것입니다.

　자기 자신과 자기의 처지에 대하여 계속 만족을 느끼지 못하며, 다른 사람에 대해 좋지 않은 감정을 계속 가지게 되고, 다른 사람이 자기보다 더 빛날 것을 두려워하면, 고통스런 삶을 살 뿐입니다. 하나님께서 우리가 시기심의 굴레에서 벗어나기를 원하시는 것은 전혀 놀랄 일이 아닙니다. 시기하는 마음을 가지고 살면 하나님께서 우리에게 원하시는 풍성하고 기쁨이 넘치는 삶을 살지 못하기 때문입니다.

　그렇다면 시기심이 우리를 위협하며 공격할 때 어떻게 해야 합니까?

　첫째로, 다른 사람이 우리가 원하는 것을 가지고 있는 것을 볼 때 우리 속에는 세상적인 마음이 생긴다는 것을 단순하게 인정해야 합니다. 만약 시기심이 생기는 경우가 언제인지 알고 깨어 파악하고 있다면, 우리의 삶에 영향을 미치기 전에 적절히 대처할 수 있게 될 것입니다. 시기와 질투가 시작되는 점을 알게 되면, 미리부터 발을 붙이지 못하게 막을 수 있을 것이며, 성령의 능력을 의뢰함으로 계속 그렇게 할 수 있을 것입니다.

　둘째로, 우리는 시기심을 긍정적인 변화를 위한 동기력으로 삼을 수 있습니다. 예를 들어 나는 마거릿처럼 다른 사람들을 끄는 매력이 철철 넘치는 은혜로운 인격의 소유자가 되고 싶었습니다. 당연히 마거릿은 내가 만난 사람들 중에서 누구보다도 바로 친숙해질 수 있는 매력을 가진 사람입니다.

　나는 어느 누구도 마거릿과 같은 매력을 포장지에 곱게 싸서 내게 선물로 줄 수 없다는 것을 잘 알고 있습니다. 그래서 마거릿

저 사람은 좋겠다

의 매력을 부러워하여 시기심의 노예가 되는 대신에 마거릿에게서 배울 수 있는 것을 가능한 대로 많이 배우기로 목표를 정했습니다. 나는 마거릿의 매력적인 자질을 열심히 파악했으며, 여러 상황에서 그의 본을 따르려고 애써 보았습니다.

패션모델처럼 옷을 잘 차려 입고 출근하는 도나에게도 동일한 태도를 유지하려고 노력했습니다. 도나가 비싼 옷을 입기 때문은 아니었습니다. 나는 도나가 옷을 구입하는 데 많은 돈을 투자하지 않는다는 것을 잘 알고 있었습니다. 나는 잘 어울리게 옷을 입을 줄 아는 도나를 자세히 관찰하기 시작했습니다. 배울 점이 있을 것 같았기 때문입니다. 어떤 경우에는 옷 입는 방법에 대하여 묻기도 하였습니다. 그때마다 도나는 즐거운 마음으로 대답하여 주었습니다. 내가 도나의 감각을 높이 평가하고 있다는 것을 알자 도나는 내게 호감을 갖게 되었습니다. 뒷전에서 도나를 부러워하고 있기보다는 적극적으로 배움으로써 즐거움을 누리게 되었습니다.

이 장의 첫머리에서 당신이 기록한 것을 살펴보십시오. 각 사람에게서 무엇을 배울 수 있겠습니까?

그러나 때로는 모든 행운을 다 거머쥔 것 같은 사람들을 보며 시기심을 느낄 때도 있을 것입니다. 그들은 좋은 직업과 멋진 저택, 행복한 결혼 생활을 누리며 수입도 많습니다. 우리에게는 없는 것을 그 사람들은 모조리 가지고 있는 것을 볼 때 불공평하다는 생각까지 듭니다. 그리고 아무리 노력해도 그들과 같은 것을 누릴 가능성은 전혀 없다고 생각되기까지 합니다.

우리는 모두 이런 종류의 시기심을 올바로 다룰 줄 알아야 합니다.

직장 여성의 영적 생활 일기

기 도

주님, 다른 사람들이 제게 없는 것을 가지고 있을 때, 시기심 때문에 제 시야가 흐트러져서 다른 사람과의 관계를 어렵게 만드는 대신에 그들의 장점과 은사에 올바른 반응을 보일 수 있도록 인도하여 주옵소서. 주님께서 그들에게 주신 축복을 통해 제가 무엇을 배울 수 있는지 잘 알도록 도와주옵소서. 아멘.

21

불공평해요

그런데 너희는 이르기를, 주의 길이 공평치 않다 하는도다.
이스라엘 족속아, 들을지어다.
내 길이 어찌 공평치 아니하냐?
너희 길이 공평치 않은 것이 아니냐?

에스겔 18:25

> ## 잠깐 멈추어서…
>
> * 시기심을 부추기는 세상적 태도에 대하여 생각해 봅시다.
> * 세상이 바라는 것이 아니라 하나님께서 바라는 것에 우리 자신을 드리도록 합시다.

론은 인사 관계 업무에 풍부한 경력이 있는 직장 동료입니다. 어느 날 조직이 큰 회사의 인사 문제에 대하여 대화를 나누고 있었는데, 그가 "거의 모든 조직에서 시기심은 큰 문제가 됩니다"라고 말했습니다. 특히 여직원이 많은 곳에서는 이 문제가 더욱 심각하다고 했습니다. 여성인 나의 입장에서 보면 부당하다는 느낌이 들기도 했습니다.

나는 그가 말하는 내용이 듣기 싫었습니다. 그 말이 과연 맞을까 하는 의구심도 생겼으며, 직장에서는 남녀가 똑같다고 생각하였기 때문에 남자보다 여자 직원이 직장에서 더 많은 문제를 일으킨다고 생각하고 싶지 않았습니다.

직장 여성들이 이를 어떻게 생각하든 시기심은 직장에서 일어나는 문제라는 것은 분명합니다. 시기심은 우리로 그리스도인답지 않은 말과 행동을 하게 함으로써 직장에서 간증이 좋지 않은 삶을 살게 합니다. 시기심은 다른 사람과의 관계를 더럽힐 뿐만 아니라 직장이나 다른 동료들에 대한 우리의 태도를 부정적으로 만듭니다.

앞 장에서 다른 사람의 외모나 자질을 부러워하는 마음과 같은 시기심을 다루는 몇 가지 방법을 생각해 보았습니다. 그러나 어떤 자질이나 소유물이 아니라 다른 사람의 삶의 방식 전체에 대하여 시기심이 활활 타오르는 것을 느낄 때에는 어떻게 해야 합니까?

예를 들어 당신과 내가 함께 근무하는 직장에 리타가 새로운 임원으로 왔다고 해 봅시다. 리타는 키도 크고 날씬하며 매력적입니다. 널찍한 사무실에서 근무하며, 사업이나 대외 관계에서 중요한 의미가 있는 모임에는 빠짐없이 참석합니다. 또한 소문으로 들은 것이기는 하지만, 상상치 못할 정도로 많은 보수를 받고 있다고 합니다. 타고 다니는 차는 성공한 사람이 타는 차라는 분위기가 물씬 풍깁니다. 복도에서 리타를 마주칠 때마다 우리의 자존심은 땅에 떨어집니다. 우리가 원하는 것을 모두 소유한 리타와 같은 사람을 만나면 우리는 아무것도 없는 빈털터리라고 생각합니다! 단지 시기심만이 생길 뿐입니다.

이처럼 불쾌하면서도 세상적인 반응을 다룰 수 있는 성경적 원리는 무엇입니까?

하나님이 공평하시다는 사실을 온전히 신뢰해야 한다. 늘 그렇듯이 리타를 시기하는 마음은 삶이 공평치 못하다는 생각으로 발전합니다. 돈, 재능, 아름다운 외모, 좋은 대인 관계 등 세상에서 좋은 것들이 너무 불공평하게 배분되어 있다고 생각하며 마음에 분노를 느낍니다. 다른 사람이 우리보다 더 큰 파이 조각을 받았다는 생각을 하며 마음을 진정시키지 못합니다.

우리가 세상이 세운 기준이 아니라 하나님께서 세우신 의의 기준을 신뢰하기 전까지는 시기심을 이길 수 없습니다. 삶이 공평하기를 바라는 것은 우리가 알다시피 인간이 가진 본성입니다. 여러 명의 아이들에게 캔디를 나누어 줄 때 같은 개수로 나누어 주는 것이 공평하겠지요? 그렇지만 하나님께서 다스리시는 우주는 아이들에게 캔디를 나누어 주는 것처럼 움직이지 않습니다. 만약 우리가 원하는 방식으로 하나님을 몰아붙이려고 한다면 실망만 할 뿐입니다. "여호와의 말씀에 내 생각은 너희 생각과 다르며, 내 길은 너희 길과 달라서, 하늘이 땅보다 높음같이 내 길은 너희 길보다 높으며, 내 생각은 너희 생각보다 높으니라"(이사야 55:8-9).

하나님의 계획은 우리의 생각보다 높습니다. 그러나 그 길에는 반드시 완전한 공평함이 있습니다. "여호와께서는 그 모든 행위에 의로우시며, 그 모든 행사에 은혜로우시도다"(시편 145:17).

세상이 주는 최고의 것이라도 하나님께서 내게 주신 것과는 비교가 되지 않습니다. 우리는 세상이 주는 것을 원합니다. 우리는 주위 사람들 중에서 우리가 가지기 원하는 것을 소유하고 있는 사람들을 바라보며, 그런 것을 갖는 것이 우리를 위한 최선일 것이라고 생각합니다. 그러나 그들이 그 소유를 얻기 위하여 얼마나 큰 희생과 인내와 수고를 했는지는 잘 모릅니다. 오직 하나님만이 영원하고 온전한 시야 가운데 우리에게 가장 좋은 것을 주실 수 있습니다. 따라서 신뢰하는 마음이 가장 핵심이 되는 사항입니다.

시기심이 불타오르도록 허용하면 이는 하나님께서 우리를 돌보신다는 것을 신뢰하지 못하고 있음을 그대로 드러내는 셈이 됩니다. 하나님께서는 우리가 전혀 다른 시야를 가지고 살도록 부르셨습니다. "우리가 알거니와 하나님을 사랑하는 자 곧 그 뜻대로 부르심을 입은 자들에게는 모든 것이 합력하여 선을 이루느니라"(로마서 8:28).

시기심을 이기는 것은 영적 훈련이다. 시기심이 우리를 옭아매도록 그대로 놓아두기보다는 하나님의 도우심을 구하며 이겨 내기로 선택할 때 우리는 영적 훈련을 하고 있는 것입니다. 이 과정에서 우리는 우리의 뜻보다는 성경 말씀에 나타난 하나님의 뜻에 우선순위를 두게 됩니다. 영적 훈련은 바로 세상의 방법이 아니라 하나님의 방법을 선택하는 것입니다. 동시에 성령께서 우리에게 주시는 도움을 의뢰하며, 인간적이고 부정적인 감정에 희생당하지 않기로 선택하는 것입니다.

간단히 말해서, 시기심을 이길 때 우리는 영적 근육을 강화시키고 있는 것이며, 우리 자신을 훈련하고 더욱 능력 있게 만들어서, 다가올 또 다른 영적 도전을 감당할 수 있게 되는 것입니다. 시기심을 극복하기 시작하는 것은 그리스도를 닮은 삶을 추구하는 데서 승리의 큰 걸음을 내딛는 것이며, 또한 매일매일의 직장생활에서 좀 더 즐겁고 평안한 삶을 사는 길이 됩니다.

기 도

하나님, 제가 주님을 신뢰할 수 있도록 도와주옵소서. 주님이 공평하시며 항상 은혜로우시다는 사실을 신뢰하게 하옵소서. 주님의 성령으로 저를 충만케 하사 다른 사람이 가진 것을 보고 부러워하지 않도록 도와 주소서. 아멘.

22

그 사람이 그러던데

화평케 하는 자는 복이 있나니
저희가 하나님의 아들이라 일컬음을 받을 것임이요.
마태복음 5:9

> **잠깐 멈추어서…**
>
> * 우리가 처한 직장에서 화평케 하는 자로 헌신합시다.
> * 다른 사람들의 갈등을 조장하기보다는 해소하는 사람이 됩시다.

게일과 패티는 같은 회사에서 컴퓨터 프로그래머로서 3년 동안 함께 일했습니다. 책임 프로그래머 자리가 나자 두 사람은 모두 자기가 해 보겠다고 신청했습니다.

결국 패티가 승진을 하게 되었습니다. 게일은 패티의 새로운 사무실에 멋진 꽃과 함께 "축하합니다. 일을 멋지게 성취하기를 바랍니다"라고 쓴 카드를 보냈습니다.

한 달 후에 게일은 다른 동료인 린다와 휴게실에서 대화를 나누었습니다.

"패티가 책임 프로그래머로 일을 잘할 것 같니?"라고 린다가 물었습니다.

"잘할 수 있을 거라고 생각해. 지금까지의 경력으로 보아서 충분히 할 수 있을 거야"라고 게일이 대답했습니다.

"신제품 개발부의 몇몇 사람들은 패티가 고안한 새로운 프로

그 사람이 그러던데

그램을 별로 좋아하지 않는다는 소문을 들었어"라고 린다가 말했습니다.

"물론, 사람들이 변화에 적응하는 것은 항상 힘이 들게 마련이야. 나는 패티가 결정을 내리기 전에 다각도로 충분한 생각을 한다는 것을 잘 알아. 패티의 접근법은 우리나 신제품 개발부에 있는 사람들과는 다를 수도 있어. 하지만 패티는 유능한 프로그래머야. 나는 관계된 모든 사람들이 패티가 자기의 능력을 발휘할 수 있도록 기회를 주어야만 한다고 생각해."

"나도 그래. 이제 돌아가서 일이나 해야겠다."

며칠 후에, 린다는 복도에서 패티를 마주쳤습니다.

"새로운 일은 어때?"라고 린다가 물었습니다.

"잘되고 있어. 새로운 일을 맡으면 다 그렇잖아. 단시간에 하도 많은 것을 배워야 하기 때문에 머리가 터질 것 같은 기분 말이야."

"게일은 승진을 못해서 기분이 좋지 않은 모양이야. 게일이 어떻게 그 기분을 처리하고 있다고 생각해?"

"처리한다고? 게일과 나는 정말 좋은 친구 사이야. 나는 게일이 나 때문에 좋아할 거라고 생각해."

"나는 그렇게 생각이 들지 않아. 게일은 자기가 그 새로운 일을 맡았다면 너와는 다른 방식으로 접근했을 거라고 말하는 것을 들었어. 게일은 네가 자기 능력을 드러내는 데 혈안이 되어 있다고 생각하고 있는 것처럼 보였어."

"무슨 말이지? 게일이 내가 일하는 방식을 싫어한단 말이야? 내가 없는 자리에서 그렇게 말했다는 것을 믿을 수 없어. 부사장님이 게일보다 내가 그 일에 적임자라고 생각했다면 나로서는 어쩔 도리가 없어. 그러나 나는 이 때문에 우리의 우정에 금이 가는 것을 원하지 않아."

다음 날 린다는 게일에게 달려갔습니다.

"어제 패티와 대화를 했어. 패티는 네가 승진을 하지 못한 것에 대하여 시기심을 느끼고 있다고 생각하는 것 같아."

"뭐라고?" 게일은 놀라며 반문했습니다. "왜 그런 생각을 하게 되었지?"

"나도 잘 몰라. 패티의 말은 마치 자기가 너보다 그 일에 적임자라는 사실을 네가 받아들이려 하지 않는다는 말처럼 들렸어"라고 린다는 말했습니다.

"나보다 낫다고? 우리 경력은 거의 똑같아. 패티가 그렇게 말했다는 게 믿어지지가 않아. 패티는 나도 자기처럼 유능한 프로그래머라는 것을 알고 있어. 아마 승진을 하니까 태도가 달라진 모양이야. 아니면 내가 생각했던 것만큼 그렇게 좋은 친구가 아니었는지도 몰라."

물론 린다는 잠언에 나오는 구절을 잘 모를 것입니다. "패려한 자는 다툼을 일으키고 말쟁이는 친한 벗을 이간하느니라"(잠언 16:28). 린다는 정말 패려한 말쟁이입니다. 게일과 패티의 우정은 승진 때문에 영향을 받지 않았습니다. 그런데 린다가 개입하자 사정이 달라졌습니다. 린다가 비록 고의로 그렇게 하지 않았다고 하더라도 그의 행동은 두 사람 사이의 관계를 계속 흔들어 놓았습니다.

그 사람이 그러던데

사무실에서 화평케 하는 자로 살기 위해 배울 수 있는 것이 무엇인가를 살펴봅시다.

당신이 듣고 전하려는 바를 평가해 보십시오. 린다가 신제품 개발부 사람들의 불평에 대한 소문을 계속 퍼뜨린다고 해서 자기에게 돌아오는 유익은 없었습니다. 우리가 들은 것을 다른 사람에게 전할 때는 몇 가지 질문을 통해서 한번 거르는 것이 필요합니다. 예를 들면 다음과 같습니다.

이 말을 다른 사람에게 전할 필요가 있는가?
내가 이 말을 전한다면 어떤 결과가 생길 것인가?
내가 전하고 있는 말이 정말 사실인가?

사람들이 말한 것을 왜곡하여 듣고는 마치 사실인 것처럼 다른 사람에게 전달하지 마십시오. 게일은 패티가 일하는 방식을 싫어한다고 말한 적이 전혀 없습니다. 그러나 린다는 패티로 하여금 게일이 그렇게 말했다고 믿게 했습니다. 사실 린다는 자기가 들은 것을 계속 왜곡하여 전달했습니다.

다른 사람의 생각이나 감정에 대해 추측하여 전달하지 마십시오. 사실상 린다는 게일이 시기심을 가지고 있다고 억지 추측을 했을 뿐입니다. 게일은 한 번도 그런 표현을 쓴 적이 없기 때문입니다. 린다는 공평하지 못한 추측에 근거하여 말하였고, 사실과 다르게 전달하였습니다.

말을 하지 않는 데 대해 평안함을 누리도록 하십시오. 성경에는 "말하기는 더디 하고"(야고보서 1:19)라고 말합니다. 또한 분별력 있게 침묵을 지키라고 권합니다. 우리가 처한 사회는 쉴 새 없이 대화가 이루어지는 분위기이기 때문에 침묵을 지키면 어색한 경우가 많습니다. 그러나 침묵하는 법을 배우면 날마다의 삶에서 생기는 스트레스와 오해를 상당히 줄일 수 있습니다. 또한 하나님께서 우리에게 원하시는 화평케 하는 자가 되려고 할 때 침묵은 매우 훌륭한 도구로 쓰일 수 있습니다.

기 도

주님, 저는 화평케 하는 자가 되고 싶습니다. 다른 사람들을 이간하는 말이나 행동을 하지 않도록 도와주옵소서. 제가 어떤 행동을 취해야 할지를 분별할 수 있는 지혜와 통찰력을 허락하소서. 그리하여 제가 속한 직장, 그리고 제가 처한 곳에 화평을 가져오는 자가 되게 하소서. 아멘.

23

가장 많이 즐기는 오락은?

형제들아, 피차에 비방하지 말라.
야고보서 4:11

> ### 잠깐 멈추어서…
>
> * 직장에서 남의 말을 하는 것이 얼마나 파괴적인 결과를 가져오는지 생각해 봅시다.
> * 사무실에서 비밀스레 남의 말을 하는 경향을 없애도록 자신을 절제합시다.

나는 주로 큰 유리창이 있는 사무실에서 일을 했습니다. 플로리다에 있는 창문이 다 그렇듯이 우리 사무실 창문 유리도 엷은 막이 씌워져 있었습니다. 오후에 비치는 따가운 햇살에 사무실의 온도가 올라가는 것을 막으려는 이유 때문이었습니다.

어느 날 사무실 책상에 앉아 서류를 정리하고 있었습니다. 갑자기 장난감 권총 소리 비슷하게 팍 하는 소리가 들렸습니다. 창문 쪽에서 들리는 소리였습니다. 고개를 들어 보니 참으로 기괴한 일이 벌어졌습니다. 유리창 가운데가 쩍 갈라진 것입니다. 그러고는 곧 이어 갈라진 틈이 점점 커지더니 마침내는 유리창 전체에 금이 가며 작은 조각으로 나뉘었습니다. 조그만 유리 조각들이 떨어져 수북하게 쌓이지 않은 것은 그 유리창에 엷은 막이 씌워져 있었기 때문이었습니다.

나는 즉시 관리 책임자에게 전화를 걸어 현장을 봐 달라고 했

가장 많이 즐기는 오락은?

습니다. 그는 창문 안팎을 찬찬히 바라보더니 잠시 머리를 긁적였습니다. 그러고는 다음과 같은 결론을 맺었습니다. "내가 생각하기에는 유리가 너무 뜨거워졌다가 갑자기 식었기 때문인 것 같습니다. 너무 빨리 수축했기 때문에 깨진 것입니다."

이어서 그는 "당신도 알다시피 엷은 막이 있었기에 다행이지 그 막이 아니었더라면 유리 파편이 당신에게 모두 튀었을 것입니다. 운이 좋다고 생각하십시오"라고 말했습니다.

나는 아직도 그 깨진 유리창을 생생히 기억합니다. 그 조그만 틈새가 커지기 시작하자 눈 깜짝할 사이에 유리창 전체가 조각이 나는 모습이 눈에 선합니다. 작은 손상이라 해도 곧바로 전체를 완전히 파괴시킬 수 있다는 것을 보여 주는 좋은 예화입니다.

산산조각이 난 유리창에 맨 처음 생긴 조그만 틈새는 사무실 내에서 우리가 남의 말을 함부로 하는 것이 어떤 결과를 낳을 수 있는지를 분명하게 보여 주고 있습니다. 누군가 남의 말을 하기 시작하면 나는 그 깨진 유리창을 생각합니다. 중상, 비방, 악의가 가득 찬 말은 유리창에 처음에 생긴 그 작은 틈새와 같습니다. 여기서부터 더 큰 틈새가 생기기 때문입니다. 그 틈새는 비방하는 말을 들은 사람이 다른 사람에게 옮기기 시작할 때부터 커집니다. 그리고 그 말을 들은 사람이 다른 사람에게 다시 말하는 과정에서 오래지 않아 산산조각이 나게 됩니다. 예를 들어 한 사람의 명예, 우정, 동료의 승진 기회, 또는 개인의 자존감과 행복이 산산조각이 나는 것입니다.

직장 여성의 영적 생활 일기

몇 명 되지 않은 직원들로 이루어진 직장이라 할지라도 나름대로의 비밀 정보망이 있기 마련입니다. 이 망은 소문을 먹고 살며, 시기와 비열함, 앙심, 그리고 온갖 종류의 악한 인간성으로 말미암아 유지됩니다. 남의 말을 하는 것은 사회생활을 하다 보면 해도 괜찮은 것으로 받아들여지고 있으며, 미국인들이 직장에서 가장 많이 즐기는 오락으로 인정되고 있습니다.

다음과 같은 장면이 익숙하지 않습니까?

지니는 2주간의 휴가를 보내고 돌아왔습니다. 그러고는 동료에게 열심히 묻습니다. "내가 없는 사이에 누구에게 무슨 일 없었니? 좀 알려 줘!"

테레사는 수잔과 함께 점심을 먹으러 나갔습니다. 다른 부서에 근무하는 수잔에게 테레사는 다음과 같이 물었습니다. "팜이 부부 싸움을 한다는데, 요새는 어때?"

영업부 직원 모두가 점심을 먹으러 나갔습니다. 대화의 첫 소재는 사장의 여비서에 관한 것이었습니다. "왜 그 여자를 고용했지?" "그 여비서는 자기의 미모를 팔고 있는 것 같아." "여비서의 외모에 대해 사무실에서 말들이 많지."

우리는 이런 말을 자주 합니다. 다른 사람의 사생활이나 직장에서 일어나는 일에 관심이 많습니다. 우리는 아는 사람 축에 끼이기 원합니다. 또한 자기의 의견을 조금이라도 더 말하기 원합니다.

가장 많이 즐기는 오락은?

소문 이야기나 남 이야기나 한담은 아무런 나쁜 의도 없이 새로운 소식을 주고받을 때 시작되기도 합니다. 주말에 무엇을 했는지, 새로 본 영화가 어땠는지, 아이들 사이에 최근 유행하는 놀이가 무엇인지와 같은 이야기를 하다가 대화가 상사나 동료 직원들의 말과 행동에 대한 것으로 옮아갑니다.

한담과 비방은 사무실에서 늘 일어나는 것임을 인정할 수밖에 없지만, 그렇다고 해서 이것이 성경의 원리에 합당한 것은 아닙니다. "참소하는 자는 미련한 자니라"(잠언 10:18). "또 저희가 게으름을 익혀 집집에 돌아다니고 게으를 뿐 아니라 망령된 폄론을 하며 일을 만들며, 마땅히 아니할 말을 하나니"(디모데전서 5:13). "이제는 너희가 이 모든 것을 벗어 버리라. 곧 분과 악의와 훼방과 너희 입의 부끄러운 말이라"(골로새서 3:8).

성경에 의하면, 한담하는 사람은 신뢰할 수 없습니다. 신뢰를 깨고, 친구 사이를 이간하며, 좋은 관계를 무너뜨립니다. 자기 말이 어떤 결과를 낳을지도 모르면서 어리석게 말하고, 자기와 상관이 없는 일에 대해서도 헛소문을 퍼뜨립니다.

물론 우리 혼자 힘으로는 비방하는 말이나 진실을 왜곡하는 말, 분별없이 지껄이는 말을 하려는 인간의 본성을 이길 수는 없습니다. 한담이 너무 많이 오가는, 직장이라는 환경에서는 특히 우리가 깨어 있어야 합니다. 그러나 성령을 따라 절제하며, 성령의 도우심을 의지하여 혼자라도 더욱 경건한 언어생활을 해야겠다고 결단하면 말버릇을 바꿀 수 있습니다.

조그만 틈새가 다른 사람의 삶에 큰 상처를 내지 못하도록 막을 수 있습니다.

기 도

주님, 한담이 얼마나 큰 상처와 파괴를 낳는지를 기억하게 도와주소서. 사무실 내에서 비밀 정보망의 일원이 되고자 하는 유혹을 피하게 도와주소서. 그리고 비방하는 말과 진실되지 않은 말을 먹고 사는 비열한 시기심을 이길 수 있도록 도와주소서. 제가 사람들에게 좋은 영향을 끼칠 수 있도록 도와주옵소서. 아멘.

24

정말이에요

거짓 행하는 자가 내 집 안에 거하지 못하며
거짓말하는 자가 내 목전에 서지 못하리로다.

시편 101:7

직장 여성의 영적 생활 일기

> ### 잠깐 멈추어서…
>
> * 매일의 삶을 좀먹고 들어오는 조그만 거짓말을 주의 깊게 피합시다.
> * 직장에서 거짓말이 허용된다 할지라도 속이는 일에 참여하지 맙시다.

루이지는 인사 담당자와 면접을 하고 있습니다. 앤더슨 씨가 질문을 시작하자 루이지는 자기가 어디까지 진실을 말해야 할지 갈등하였습니다.

앤더슨 씨가 물었습니다. "우리는 이 자리에 장기간 근무할 수 있는 사람을 원합니다. 당신은 지난 몇 해 동안 직업을 가지지 않았는데, 왜 직장에 다니려고 하지요?"

루이지는 속으로 생각했습니다. 나는 별도리가 없어. 남편이 컴퓨터 교육을 마치려면 1년 정도 걸리는데, 그동안 수입이 필요하기 때문에 직장에 다녀야 해. 그 후에는 다시 가정으로 돌아가 아이들과 함께 시간을 보내는 게 훨씬 좋아.

그러나 루이지는 앤더슨 씨에게 다음과 같이 대답했습니다. "물론 제가 지난 몇 해 동안 직장에 다니지 않았지만, 이제 아이들도 웬만큼 컸고, 다시금 직장 생활을 시작해도 될 만한 준비가

정말이에요

되었습니다. 그리고 제 삶의 발전을 위해 직장에 다닐 필요도 있고요. 이 자리는 제가 지금까지 찾고 있던 자리라고 생각합니다."

개발부 책임자 수잔은 내일까지 끝내야 하는 보고서 때문에 걱정이 대단했습니다. 아직도 완성하지 못했기 때문입니다. 수잔은 로드의 도움이 필요했습니다. 그가 밤늦게까지 함께 남아서 보고서를 완성하는 데 도움이 되어 주기를 원했습니다. 그러나 수잔은 망설여졌습니다. 로드는 별로 좋아하지 않을 거야. 지난 몇 주 동안 정말 일을 많이 했거든. 그리고 앞으로도 계속 할 일이 쌓여 있어. 이 일이 끝나면 곧바로 다른 큰 프로젝트를 시작해야 하는데, 로드는 그 건은 잘 모르고 있어.

수잔은 로드에게 말했습니다. "오늘 밤 보고서 완성을 도와주었으면 좋겠어요. 이 일만 끝나면 우리 부서는 좀 한가하게 될 겁니다. 그러면 얼마 동안 쉴 여유도 생기겠지요. 괜찮겠어요?"

일레인의 상사인 클레어는 격분해 있었습니다. 그들이 일하고 있는 병원에 중요한 서류 양식지가 도착했는데, 원하던 것과는 다른 것이 도착했기 때문입니다. 일레인은 애초에 자기가 주문을 할 때 잘못했다는 것을 알아챘습니다. 그러나 클레어에게 다음과 같이 말했습니다.

"요즈음 우리 공급 업체에 어떤 일이 생겼는지 모르겠어요. 경리부에서도 그들과 거래하면서 착오가 생겼다고 들었어요. 분명 그 사람들이 다른 양식을 보냈을 것입니다. 전화를 해서 문제가 무엇인지 알아보겠어요."

루이지나 수잔이나 일레인은 사실과는 다르게 말을 했습니다. 루이지는 자기의 계획을 속여 원하는 직업을 얻으려 했습니다. 수잔은 다가올 과중한 업무에 대하여 로드를 속이고 그를 자기 보고서 완성에 이용하였습니다. 그리고 일레인은 자기의 잘못을 다른 사람의 잘못인 것처럼 속였습니다.

우리는 속이는 것을 재치라고 생각하며, 다른 모든 사람들이 다 그런 식으로 직장 생활을 한다는 핑계를 댑니다. 그러나 성경에 의하면 루이지, 수잔, 그리고 일레인의 언행은 모두 속임수이며 정직하지 못한 것입니다. 그들은 자신의 목적을 달성하기 위하여 다른 사람들에게 사실이 아닌 것을 사실처럼 믿게 하였습니다. 앤더슨 씨는 루이지가 그 회사에 전적으로 함께할 준비가 되어 있다고 생각했습니다. 그러나 이는 루이지가 원하던 것이 전혀 아니었습니다. 수잔은 로드에게 쉴 만한 여유를 주겠다고 했습니다. 그러나 이는 현실적으로 불가능한 것이었습니다. 클레어는 의료 서식 납품 업체가 믿을 수 없다고 생각했지만 이는 사실과 달랐습니다.

정말이에요

♣ ♣ ♣

이들에게 다음과 같은 질문을 하면 무엇이라고 대답하겠습니까? "만약 자녀가 거짓말을 한다면 그들을 야단치겠습니까?" 그들은 이에 대하여 힘주어 말할 것입니다. "물론이지요! 온전한 사실을 말하는 것이 얼마나 중요한지를 가르칠 것입니다." 그럼에도 불구하고 그들은 직장에서는 다른 사람들을 속이며 거짓말을 해도 괜찮다고 생각합니다.

성경에서는 여러 모양의 속임수를 구체적으로 경고하고 있습니다.

- **거짓 증거** – "네 이웃에 대하여 거짓 증거하지 말지니라"(출애굽기 20:16).
- **부정직한 말** – "악인과 행악하는 자와 함께 나를 끌지 마옵소서. 저희는 그 이웃에게 화평을 말하나 그 마음에는 악독이 있나이다"(시편 28:3).
- **당사자가 없는 자리에서의 험담** – "그 이웃을 그윽이 허는 자를 내가 멸할 것이요"(시편 101:5).
- **거짓말** – "그런즉 거짓을 버리고 각각 그 이웃으로 더불어 참된 것을 말하라"(에베소서 4:25).

적당히 속이는 것이 문제없이 사는 비결이라고 생각하며 그냥 지나칠 수도 있지만 성경에서는 우리가 그렇게 해서는 안 된다고 말합니다.

직장 여성의 영적 생활 일기

기 도

주님, 직장이란 곳에서는 적당히 속임수를 써도 용납될 때가 있다는 것을 알고 있습니다. 그러나 그렇다고 해서 저도 속임수를 써도 된다는 의미는 아님을 또한 알게 되었습니다. 주님께서는 여전히 정직과 성실을 강조하고 있기 때문입니다. 사람들이 괜찮다고 하는 것 중에서 올바른 것만을 분별할 수 있도록 도와주옵소서. 아멘.

25

몸매 유지

운동장에서 달음질하는 자들이 다 달아날지라도
오직 상 얻는 자는 하나인 줄을 너희가 알지 못하느냐?
너희도 얻도록 이와 같이 달음질하라.
이기기를 다투는 자마다 모든 일에 절제하나니
저희는 썩을 면류관을 얻고자 하되
우리는 썩지 아니할 것을 얻고자 하노라.
고린도전서 9:24-25

> **잠깐 멈추어서…**
>
> * 영적 훈련의 필요성을 생각해 봅시다.
> * 훈련과 연습을 통해 영적으로 성숙할 수 있는 방법을 파악합시다.

수잔은 마치 에어로빅 운동을 선전하는 사람처럼 보입니다. 균형 잡힌 멋진 몸매에서 힘과 활기가 솟아나는 모습을 보이기 때문입니다. 수잔은 일주일에 세 차례씩 저녁 시간을 이용하여 에어로빅 교실에 나갑니다. 음악을 따라 팔과 다리를 신나게 움직이며, 멋진 발차기 동작도 합니다. 수잔은 이를 즐기는 것 같습니다.

최근 우리는 신체 건강에 운동이 중요하다는 사실에 관심을 두게 되었습니다. 그러나 영적 건강에는 관심을 얼마나 두고 있습니까? 항상 영적으로 활기 있는 상태를 유지하려면 영적 훈련이 중요하지 않겠습니까?

사도 바울도 이와 같은 생각을 했습니다. 그는 그리스도인이 살아가는 것을 경주에 비유하였습니다. 이 경주에서 우리는 하늘 나라에서 누리는 영원한 상급을 상으로 받습니다. "형제들아, 나

몸매 유지

는 아직 내가 잡은 줄로 여기지 아니하고, 오직 한 일 즉 뒤에 있는 것은 잊어버리고 앞에 있는 것을 잡으려고 푯대를 향하여 그리스도 예수 안에서 하나님이 위에서 부르신 부름의 상을 위하여 좇아가노라"(빌립보서 3:13-14). 이 경주를 성공적으로 끝내려면 엄격한 훈련을 해야 한다고 바울은 말하고 있습니다(고린도전서 9:25).

그러면 영적 훈련에는 무엇이 포함되어야 합니까?

스트레칭. 거의 대부분의 운동에는 이 동작이 포함되어 있습니다. 근육을 유연하게 하며, 뻗는 동작을 하는 데에 도움이 되기 때문입니다. 우리는 어제보다 오늘 좀 더 수준 높게 영적 스트레칭을 훈련할 수 있습니다. 좀 더 많은 시간을 기도에 집중하고, 나서서 다른 사람들의 필요를 채우며, 인내와 긍휼과 자기 절제를 끊임없이 실천에 옮기는 것입니다. 우리 힘으로 할 수 없는 것을 스스로 힘에 부쳐 절망감 속에서 갈등하기보다는 성령께서 주시는 능력으로 감당하게 되도록 주님을 의뢰하는 삶을 배우는 것이기도 합니다. 영적 생활을 발전시키기 위하여 당신이 스트레칭을 해야 할 영역은 무엇입니까?

근육 강화. 지역 체육 센터의 에어로빅 강사가 이렇게 설명해 주었습니다. "이는 몸을 조각하는 것이라 할 수 있습니다. 근육의 모양이 제대로 나도록 하는 것입니다. 이 운동은 크거나 움직임이 빠른 동작이 아니라 끈기를 가지고 연습하며 절제하는 것이 필요합니다."

영적 삶을 강화하려면 그리스도를 닮은 마음과 훈련하려는 태도가 필요합니다. 인간적인 시야로 세상을 바라보기보다는 하나님의 시야로 바라보는 태도를 배우며, 이 세상의 일에 관심을 쏟게 하는 분위기 속에 살면서도 영원한 것을 바라보는 시야를 유지하는 것입니다. 영적 근육의 강화는 우리 삶에서 역사하시는 하나님을 잘 알기 위해 관심을 갖고 공부하고 묵상함으로써 이루어집니다. 우리의 영적 삶은 훈련과 절제가 필요합니다.

지구력. 에어로빅 교실에 가면 늘 새로운 사람을 볼 수 있습니다. 숨을 가장 많이 헐떡이는 사람이 대개 새로 시작한 사람입니다. 하지만 날이 갈수록 지구력은 점점 증가하여 윗몸 일으키기 횟수가 늘어 가고, 좀 더 오래 달릴 수 있게 되며, 쉬지 않고 전체 동작을 여러 차례 반복할 수 있습니다. 그러나 이렇게 성장하려면 시간이 걸립니다. 또한 헌신과 일관성 있는 태도와 지속적인 노력이 필요합니다.

영적 지구력을 훈련하는 것도 마찬가지입니다. 살다 보면 고통스럽고 많은 것을 요구하는 상황을 만나게 되는데, 이런 상황 속에서 인내하며 견딜 수 있는 힘과 영적 성숙함은 오랜 시간에 걸쳐 지구력을 키울 때 얻을 수 있습니다. 지구력을 높이려면 매일 그리스도를 위해 살고자 하는 노력을 해야 합니다. 그리고 주님께서 주시는 도움을 더욱 많이 의지해야 합니다. "참으면 또한 함께 왕 노릇 할 것이요"(디모데후서 2:12).

연습. 피아노를 연주하거나 운전을 하거나 컴퓨터를 다루거나 에어로빅 체조를 할 때에 연습이 없이는 잘할 수 없습니다. 당신이 하는 일 중에서 지금은 별다른 노력을 쏟지 않아도 잘할 수 있는 일이 있다면, 이는 이미 그 일에 상당한 연습이 이루어졌기 때문입니다.

그리스도인이 승리하며 살기 위해서도 역시 연습이 필요합니다. 예를 들어 갈라디아서에는 "오직 성령의 열매는 사랑과 희락

몸매 유지

과 화평과 오래 참음과 자비와 양선과 충성과 온유와 절제니"(갈라디아서 5:22-23)라고 말하는데, 우리가 연습 없이 어떻게 그런 성품을 계발할 수 있겠습니까? 직장은 우리가 그리스도인다운 삶을 연습할 수 있는 좋은 장소입니다. 사랑을 실천하고, 그리스도께서 주시는 기쁨을 드러내며, 화평케 하는 자가 되고, 인내를 키우며, 다른 사람을 불쌍히 여기고, 선과 악을 가려내며, 성실함을 보이고, 온유하며, 절제를 연습하기에 좋은 장소가 또 어디 있겠습니까?

신체적 몸매처럼 영적 몸매는 스트레칭, 근육 강화, 지구력, 그리고 연습에 힘씀으로 유지됩니다. 신체를 훈련할 때와 다른 점이 있다면, 훈련에 필요한 자원을 무한정 끌어다 쓸 수 있다는 점입니다. 이번 주부터 영적 몸매를 유지하는 데 필요한 계획을 세우고 실천해 보지 않겠습니까?

기 도

주님, 신체를 가꾸는 데에도 훈련을 열심히 해야 하는데, 하물며 가만히 앉아서 저절로 영적 성숙이 굴러들어 오기만을 기다려서는 안 된다는 것을 저는 알고 있습니다. 저도 "상을 얻도록" 달음질하게 도와주옵소서. 아멘.

직장 여성의 영적 생활 일기

26
못 들었어요

창세로부터 그의 보이지 아니하는 것들,
곧 그의 영원하신 능력과 신성이
그 만드신 만물에 분명히 보여 알게 되나니
그러므로 저희가 핑계치 못할지니라.
로마서 1:20

> ### 잠깐 멈추어서…
>
> * 잘못 한 일에 대하여 핑계를 대려고 하는 이유를 살펴봅시다.
> * 핑계를 대고 변명하려는 태도를 바꿉시다.

하지 말아야 할 일을 했거나, 혹은 해야 할 일을 하지 않은 경우에 우리는 핑계를 대려고 하는데, 왜 그럴까요?

우리는 어릴 때부터 핑계를 대는 습관을 배운 것 같습니다. 4살부터 18살 사이에 당신은 부모님, 선생님, 혹은 다른 어른들에게 몇 차례나 핑계를 댔는지 기억할 수 있습니까?

"깜박 잊었어요."

"못 들었어요."

"오늘인 줄 몰랐어요."

서글프게도 이렇게 핑계를 대는 버릇이 직장 생활에서도 나타납니다. 차이점은 단지 그 핑계가 좀 더 복잡하고 교묘하다는 데에 있습니다.

상사 : 이사회 회의록이 어제 발송되어야 했는데, 아직 그 초고

못 들었어요

도 보지 못했습니다. 초고가 어디 있지요?

직원 : 집에서 일하려고 그 서류를 가져갔는데, 우연히 제 아들이 과학 숙제로 쓴 "바나나는 오래되면 왜 누렇게 되는가?"라는 보고서에 잘못 끼어 제출하였습니다.

우리는 "제가 실수했어요", "제가 그렇게 하지 못했어요", 혹은 "말씀하신 것을 오해했습니다"라고 하며 잘못을 인정하기 힘들 때가 많습니다. 대신에 우리가 실수하고 오해하며 책임을 제대로 이행하지 못한 것에 대하여 핑계를 대려고 노력합니다.

하나님의 뜻에 순종하지 않았을 때에도 우리는 비슷한 방식으로 핑계를 대려고 합니다. 어릴 때 자연스럽게 대던 핑계를 영적 생활을 하면서도 동일하게 사용합니다.

"깜박 잊었어요." 때로 우리는 하나님의 말씀과 명령을 전혀 염두에 두지 않을 경우가 있습니다. 또는 의식적으로든 무의식적으로든 하나님께서 원하시는 바대로 따르지 않고 다른 사람이 원하는 결정을 내리기도 합니다. 그러고는 속으로 "깜박 잊었군" 하고 핑계를 댑니다. 직장 동료가 어려울 때 그에게 긍휼과 오래 참음으로 대해야 하는데도 이를 잊을 때가 많습니다. 친구가 무분별한 말을 해서 화가 났을 때도 용서해야 하는 것을 잊습니다. 매력적으로 보이는 남자가 우리를 유혹할 때 하나님께서 설정하신 도덕 수준을 잊을 때가 있습니다.

하나님께서 주신 명령은 우리가 기억해도 되고 안 해도 되는 선택 사항이 아닙니다. 하나님께서 하신 말씀은 그때그때 관심에 따라 잠깐 잊을 수도 있는 점심 약속이나 보고서 마감 기일과는 성질이 다릅니다. 우리를 절대 주권 가운데 인도하시고 하나님께서 원하시는 대로 우리가 살기 원하시는 주님께서는 우리가 행하는 모든 일에서 중심이 되기를 원하십니다.

"못 들었어요." 우리는 온갖 잡음에 둘러싸여 있습니다. 사무실 안에는 컴퓨터 단말기 소리, 레이저 프린터 소리, 전화벨 소리, 그리고 다른 직원들이 말하는 소리가 들립니다. 집에 돌아오면, 텔레비전 연속극 소리, 전자오락 게임에 나오는 희한한 소리, 십대 자녀가 듣는 깨지는 듯한 음악 소리, 전화벨 소리, 그리고 가족들의 말소리가 들립니다. 하나님께 "못 들었어요"라고 핑계를 댈 만도 한 상황입니다.

우리는 하루하루를 잘 살 수 있도록 하나님께서 인도하여 주시며 통찰력과 힘을 주시도록 기도하지만, 온갖 잡음에 둘러싸인 우리는 하나님께서 들려주시는 음성을 제대로 듣지 못합니다. 그러고는 하나님께서 우리가 한 기도에 응답하지 않으셨다고 생각합니다.

우리가 하나님께 "못 들었어요"라고 말하고 싶을 때가 생기면 먼저 하나님께서 들려주시는 음성을 제대로 들으려고 했는지를 살펴보아야 합니다. 하나님께서 말씀하시는 주파수에 제대로 맞추지 못했을 수도 있고, 주님과 단둘이 보내는 시간을 떼어 놓지 않았기 때문일 수도 있습니다. 하나님께서 보여 주시는 것을 따르지 않으려고 우리가 마음을 닫았기 때문이거나, 우리 주위에서 일어나는 일 속에서 하나님께서 어떻게 역사하시는지를 보려는 마음이 없기 때문일 수도 있습니다. 만약 이런 상태라면 하나님께서 하시는 말씀을 제대로 듣지 못하는 게 전혀 이상하지 않습니다.

"오늘 하라고 하신 줄 몰랐어요." 게으름만큼 사람들에게 일반적으로 드러나는 태도도 드물 것입니다. 직장에서나 집에서, 어렵게 보이거나 시간이 들거나 또는 단지 하기 싫은 일을 만나면 이를 미루려는 경향이 보입니다.

우리는 하나님께서 원하시는 것도 미룰 때가 많습니다. 말씀을 섭취하고 기도하는 일에 시간을 투자하려 하지 않습니다. 교회 프로그램이 자기에게 맞지 않은 것 같으면 교회 활동에 시간과 관심을 투자하려 하지 않습니다. 새로 들어온 동료 직원에게 거절당할지도 모른다는 생각을 하며 아예 사귀려는 시도도 하지 않습니다.

하나님께서 우리에게 하신 모든 말씀에는 오늘이라는 말을 넣어 이해해야 한다고 해도 무리가 아닙니다. 하나님을 경외하고 다른 사람들을 사랑하라는 말씀을 주님께서 우리에게 하실 때 "너희가 편할 때"라는 조건을 덧붙이지 않으셨습니다. "너희는 가서 모든 족속으로 제자를 삼아"(마태복음 28:19)라는 명령을 주실 때 우리가 이 명령을 나중으로 미루어도 된다고 하지 않으셨습니다. 하나님께서는 오늘, 지금 바로 이 순간에 우리가 그 명령을 따르기 원하십니다.

핑계를 대서는 안 됩니다.

기 도

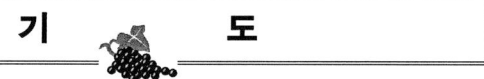

하나님, 제가 핑계를 댈 때 이를 잘 깨닫게 하여 주옵소서. 모든 순간마다 하나님께서 하신 말씀을 기억하게 하시고, 주위에서 들려오는 잡음 속에서도 주님께서 들려주시는 음성에 귀를 기울이게 하시며,

주님께서 하신 명령이 긴급하고 오늘 당장 순종해야 하는 것임을 알게 하소서. 제가 주님을 위하여 용감하고 헌신되게 살도록 도와주옵소서. 아멘.

27
이해할 수 없어

너는 네 눈 속에 있는 들보를 보지 못하면서
어찌하여 형제에게 말하기를, "형제여,
나로 네 눈 속에 있는 티를 빼게 하라" 할 수 있느냐?
외식하는 자여, 먼저 네 눈 속에서 들보를 빼어라.
그 후에야 네가 밝히 보고 형제의 눈 속에 있는 티를 빼리라.
누가복음 6:42

> ### 잠깐 멈추어서…
>
> * 서로 다른 점을 존중하고 다른 사람이 가진 독특함을 인정하는 태도를 배웁시다.
> * 우리가 가진 단점을 균형 잡힌 시야로 보는 법을 배웁시다.

"프레드는 항상 복사기를 쓰고서는 전원을 꺼 버린단 말이야. 다음 사람이 쓰려면 전원을 넣고 한참 기다려야 하는데도 말이야. 다른 사람 생각을 너무 안 해."

"로이스가 사무실에서 계속 화장을 고치지 않았으면 좋겠어. 여기가 미용실인 줄 아나 봐."

"나는 심즈 여사가 이사회에서 결정한 새로운 소식을 전할 때 쓰는 목소리를 참을 수 없어. 마치 지엄한 왕명을 전할 때처럼 우리를 대한단 말이야."

우리에게 이와 같은 태도가 있음을 인정합시다. 세상에서 가장 좋은 사람들이 모여도 일을 같이 하다 보면 서로 거슬리는 행동

이해할 수 없어

을 하게 마련입니다. 직장 생활을 하다 보면 우리가 원하지도 않고 좋아하지도 않는 사람들 틈바구니 속에서 업무 시간 대부분을 보냅니다. 가치관, 정치에 대한 생각, 취미, 개성, 신념, 일을 하는 태도, 그리고 살아가는 방법 등이 우리와는 다릅니다. 약간 다르기도 하고, 상당히 다르기도 하며, 어떤 때에는 하늘과 땅만큼 다르기도 합니다.

이런 기회에 그리스도인인 우리는, 서로 다른 점을 다루는 사람들의 태도에 좋은 영향을 줄 수 있습니다. 우리는 직장에서 본이 되는 삶을 살 수 있습니다. 눈에 들보가 박힌 채로 다른 사람들을 바라보는 태도에 대하여 성경에서 가르쳐 주는 바는 무엇입니까?

다른 사람들에게 있는 독특함과 가치를 인정하고 받아들이라. 서로 다른 점이 있다면, 이는 하나님께서 가지신 계획의 일부입니다. 하나님께서는 모든 사람을 하나같이 중요하게 여기기 때문입니다. 다른 사람들도 우리처럼 생각하고, 행동하고, 모든 면에서 똑같아야 한다는 생각을 버리면, 우리는 아주 다양한 여러 사람들과 더불어 즐거움을 누릴 수 있습니다.

자기의 장점과 단점에 대해 균형 잡힌 생각을 하라. 바울이 한 권면을 보면 명확해집니다. "마땅히 생각할 그 이상의 생각을 품지 말고 오직 하나님께서 각 사람에게 나눠 주신 믿음의 분량대로 지혜롭게 생각하라"(로마서 12:3). 우리는 저마다 고유한 특징이 있습니다. 자기가 다른 사람보다 조금이라도 낫거나 못하다고 생각할 이유가 하나도 없습니다. 우리 눈에 있는 들보를 빼어 내는 데 관심을 집중하고 있다면 주위 사람들의 단점이나 특이한 점을 바라보며 염려할 시간과 힘이 그리 많지 않습니다.

화평케 하는 자가 되라. 서로 다른 점 때문에 분열과 갈등이 생길 수 있습니다. 다른 점들은 각 사람이 저마다 가진 생각에 의해 잘못 강조되거나 왜곡되어서 늘 비판하는 분위기를 만들어 내거나 긴장과 갈등이 지속해서 일어나게 합니다. 아니면 반대로, 다른 점들 때문에 직장 분위기가 서로 자극을 주고받으며 도전하는 방향으로 나아갈 수도 있습니다. 하나님께서 우리를 화평케 하는 자로 부르셨음을 진지하게 받아들인다면, 우리는 직장에서 다른 점들이 끼치는 영향에 큰 변화를 줄 수 있습니다.

예를 들어, 복사기를 꺼 놓고 가는 프레드에게 불만을 느끼는 동료가 있다면, 뒷전에서 프레드를 비판하지 말고 직접 프레드에게 물어 보라고 할 수 있습니다. 프레드는 전기를 절약하려고 그렇게 했을지도 모르니까요! 심즈 여사가 이사회에서 내린 결정을 전달할 때 불평하는 동료가 있다면 우리는 다음과 같이 말할 수 있습니다. "심즈 여사는 우리가 새로운 정책을 확실히 이해하기 원하나 봅니다."

당신으로 하여금 직장에서 긴장을 느끼게 하는 다른 점들은 무엇입니까? 그것들은 어떤 부류에 속합니까? 사람이면 누구에게나 있는 나름대로 가진 특징이기 때문에 그냥 지나치거나 참아야 하는 것입니까? 아니면 온유하고 긍정적이고 실제적인 방법으로 다룰 필요가 있는 것입니까? 예를 들어, 간단한 질문이나 대화, 혹은 유익한 제안을 함으로써 해결이 되는 것입니까? 이번 주에 이러한 부류에 속하는 다른 점을 만나면 당신은 어떻게 변화를 줄 수 있겠습니까?

만약 다른 점들 때문에 신경이 쓰인다면, 다음과 같은 질문을 해 보기 바랍니다. 나는 나와 똑같은 사람들로 이루어진 조직 안

이해할 수 없어

에서만 일하기를 원하는가? 당신이 어떤 생각을 가지고 있는지 잘 모르지만 아마도 그 대답은 "어휴, 따분해!"일 것입니다. 나는 하나님께서 보여 주신 방식을 따라 살겠습니다.

기 도

주님, 제 눈을 열어 사람들이 가진 다른 점 때문에 얼마나 풍성한 삶을 살 수 있는지 보게 하여 주옵소서. 다른 사람이 가진 약점을 판단하기보다는 제가 가진 약점을 인정하게 하옵소서. 주님께서 제게 보여 주신 사랑과 인내하는 태도를 제게도 허락하여 주옵소서. 아멘.

직장 여성의 영적 생활 일기

제 4 부

보람 있는 직장 생활을 위하여

직장 여성의 영적 생활 일기

28
범사에 때가 있나니

공중의 학은 그 정한 시기를 알고
반구와 제비와 두루미는 그 올 때를 지키거늘
내 백성은 여호와의 규례를 알지 못하도다 하셨다 하라.
예레미야 8:7

> ### 잠깐 멈추어서…
>
> * 살면서 거치게 되는 여러 때를 생각해 봅시다.
> * 하나님께서 정한 때를 잘 이해합시다.

나는 은퇴한 후에 하고 싶은 일들을 적어 놓았습니다. 예를 들면 다음과 같습니다.

1. 내게 잘해 주던 모든 사람들에게 감사 인사장을 보낸다. 채소 가게 점원에서부터 휴대 전화 회사 대표자에 이르기까지.
2. 그동안 마음속으로 생각만 하고, 너무 바빠 시간이 없다는 핑계로 미루어 왔던 것들을 실행에 옮긴다. 예를 들면, "펜서 여사가 아플 때 찜 요리를 해다가 드려야지."
3. 애들이 있는 집에 방문할 때는 꼭 간식을 만들어 간다.
4. 친구나 친지가 생일을 맞았을 때 잊지 않고 축하 카드를 정성껏 보낸다.
5. 수채화를 배운다.

범사에 때가 있나니

당신은 목록에 무엇을 포함시키겠습니까? 시간이 좀 더 난다면 무엇을 할지를 상상해 보면 재미있지 않습니까? 즐겁지요?

성경에서는 "천하에 범사가 기한이 있고, 모든 목적이 이룰 때가 있나니"(전도서 3:1)라고 말합니다. 은퇴 후에 할 일을 적어 보는 것은 내가 지금과는 다른 때를 만나게 된다는 전제 아래서 가능합니다. 그때에는 직장 일이나 혹은 가족들에게 생기는 긴급한 필요에 매달리지 않아도 될 것입니다.

때로 우리는 성경에서 가르쳐 주는 때를 무시하기 때문에 불필요한 스트레스를 느낍니다. 우리는 모든 일을 다 "잘하는" 여성이 되려고 애를 씁니다. 오늘날 우리가 속한 문화가 그렇게 살아야 한다고 우리에게 압력을 주기 때문인지도 모르겠습니다. 우리는 이전에 우리 어머니들이 감당했던 대로 아내와 어머니 노릇을 다 하려고 애씁니다. 그러고는 동시에 생계유지를 위해 필요한 일도 다 하려고 합니다. 현재 우리가 무엇을 해야 할 때인지를 깨닫고 그대로 살기보다는, 마치 정한 시기가 없는 것처럼 모든 일을 지금 다 하려고 하고, 지금 다 가지려고 하며, 지금 다 알려고 합니다.

하나님께서는 창조물마다 때를 정해 놓으셨습니다. 학과 제비와 비둘기가 자기에게 맞는 때를 알고 있듯이 우리들도 나름대로 정해진 때가 있음을 알아야 합니다. 즉, 정해진 때에 정해진 것을 하기 위해 우리를 드려야 합니다.

젊은이도 나름의 때가 있습니다. "청년이여, 네 어린 때를 즐거워하며, 네 청년의 날을 마음에 기뻐하여"(전도서 11:9). 아이를 기를 때도 시기가 있습니다. "마땅히 행할 길을 아이에게 가르치라. 그리하면 늙어도 그것을 떠나지 아니하리라"(잠언 22:6).

직장 여성의 영적 생활 일기

물론 아이를 기르다 보면 여러 시기가 잇달아 오며 제각기 다른 관심이 필요함을 보게 됩니다. 우리 아들이 걸음마를 배우기 시작할 때에는 이곳저곳에 장난감이 널려 있지 않았으면 좋겠다는 생각을 했었습니다. 그리고 외출할 때 기저귀 가방, 우유병, 과자 같은, 아이에게 필요한 잡다한 물건을 가지고 나가기가 귀찮았습니다. 이제는 세월이 지나 기저귀 가방도 필요 없고, 집도 훨씬 정리가 잘 되었습니다. 그리고 잘 생긴 홀쭉이 십대 아이와 함께 살면서 데이트 문제나 마약 복용에 대하여 가진 생각들을 다루어 주고 있습니다. 참으로 시기가 바뀐 것을 느낍니다.

직장에서 일하는 우리나 온종일 집에서 일하는 우리 친구들이나 모두 삶이 앞으로도 계속 비슷할 것이라고 생각하는 경향이 있습니다. 분주하고 복잡하며 실망스럽기까지 한 나날 속에서, 직장 일과 장래 진로 걱정과 직장이나 가정에서 느끼는 갈등과 씨름하며, 시간 부족 때문에 우리가 하고 싶은 다른 일들은 하나도 하지 못할 것이라고 생각합니다. 하지만 하나님께서 우리가 살아가면서 맞이하게 되는 때를 정해 놓으셨다는 사실을 올바로 이해한다면 우리는 평안과 안정감을 얻을 수 있습니다. 당장 오늘 모든 일을 해야 하며 모든 경우에 다 "잘하는" 사람이 되어야 하는 것은 아닙니다. 이로 말미암아 우리는 과거를 기분 좋게 기억하며 현재를 충분히 즐길 줄 알며 기대하는 마음으로 앞날을 맞이하게 됩니다.

당신이 지금 처한 때가 언제인지 잠시 생각해 보십시오. 이 시기의 특징은 무엇입니까? 5년이나 10년이 지나면 그 특징은 어떻게 바뀝니까? 그 특징은 10년이나 5년 전과는 어떻게 다릅니까? 지나간 때를 생각할 때 가장 귀중히 여기는 것이 있다면 무엇입니까? 당신이 가장 열렬하게 기대하는 것은 무엇입니까? 당신이 지금 바로 성취하기 위하여 애쓰고 있는 것 가운데 다음에 하면 더 좋을 것이라든지, 아니면 이미 지난날에 했어야 하는 것은 무엇입니까?

그러나 여러 시기에 대하여 생각할 때 반드시 기억해야 할 한 가지가 있습니다. 그리스도의 본을 따르는 것과 하나님께서 명하신 일을 성취하는 데에는 정해진 시기가 따로 없다는 것입니다. 주님을 섬기는 일은 세상일로 분주하고 바쁠 때나 아니면 여유가 많고 압박이 적을 때나 마찬가지로 항상 긴급합니다. 하나님께서 주시는 때가 있다는 것을 핑계로 주님의 일을 미루어서는 안 됩니다. 이는 바울이 디모데에게 명한 것을 보면 분명합니다. "너는 말씀을 전파하라. 때를 얻든지 못 얻든지 항상 힘쓰라"(디모데후서 4:2).

하나님께서 명하신 일은 그 일을 하는 것이 편하거나 쉽거나 인기가 있을 때까지 기다릴 성질의 것이 아닙니다. 주님의 때는 바로 지금입니다. 이는 지난날에도 그러했고, 앞으로도 변함이 없을 것입니다. 우리가 인생의 여러 시기를 거칠 때 하나님께서 우리를 사랑하셔서 함께하시는 것과 우리가 헌신적으로 하나님을 따라야 하는 것은 변함이 없습니다.

기 도

주님, 저를 위해 완벽한 계획을 가지고 계시니 감사를 드립니다. 제가 시기를 잘 분별할 수 있도록 도와주옵소서. 주어진 때에 할 일을 잘

가려내며, 앞으로 할 일로 남겨 둘지 아니면 지난날의 일로 돌려야 할지를 깨닫도록 도와주소서. 그리하여 모든 순간마다 하나님을 기쁘시게 하는 일에 집중하도록 도와주소서. 아멘.

29

역시 달라!

우리가 사방으로 우겨쌈을 당하여도 싸이지 아니하며,
답답한 일을 당하여도 낙심하지 아니하며,
핍박을 받아도 버린 바 되지 아니하며,
거꾸러뜨림을 당하여도 망하지 아니하고.
고린도후서 4:8-9

> ### 잠깐 멈추어서…
>
> * 하나님께서 돌보시며 다스리신다는 약속을 믿고 힘을 얻읍시다.
> * 우리 자신이 아니라 하나님을 의뢰하는 법을 배웁시다.

커피를 마시면서 패티와 마리안은 동료 버지니아에 대하여 말하고 있었습니다. 그들은 모두 회계 부서에서 일하고 있었는데, 그때는 소득세 정산이 한창이었습니다.

마리안이 말하였습니다. "지난 한 해 동안 버지니아가 겪은 어려움들을 생각해 보면 나는 도무지 버지니아가 어떻게 정신을 차리고 살 수 있는지 믿기지 않을 정도야. 남편은 암에 걸렸다는 진단을 받았고, 바로 이어 딸아이는 마약 소지 혐의로 구속되었고, 엎친 데 덮친 격으로 요즘은 우리 부서가 가장 바쁜 때여서 모든 직원이 초과 근무 때문에 지쳐 있단 말이야. 직장 일만으로도 미칠 지경인데 버지니아는 어떻게 그 모든 일들을 감당하고 있는지 모르겠어.

"게다가 너도 알다시피 버지니아는 불평 한마디 없어. 그 어떤 일에 대해서도 말이야. 불평이라고 할 수 있는 말은 고작 최근에

역시 달라!

들은 '지난밤에 남편이 몹시 아파 잠을 제대로 자지 못했더니 몹시 피곤해'라는 말밖에 없어."

♣ ♣ ♣

만약 버지니아가 이 친구들의 말을 들었다면 놀랐을 것입니다. 버지니아에게는 지난 몇 달 동안이 악몽과도 같았기 때문입니다. 여러 밤을 눈물로 지새웠고, 심신이 극도로 피곤함을 느꼈기 때문입니다.

마리안과 패티가 만약 그 비결을 묻는다면, 버지니아는 다음과 같이 말할 것입니다.

"처음에 남편이 암에 걸렸다는 소식을 들었을 때 하늘이 무너져 내리는 것만 같았어요. '이제부터 어떻게 하지?' 하는 생각이 들었지요. 그러나 오래지 않아 내 힘으로는 불가능하다는 사실을 깨달았어요. 남편과 나는 하나님께 모든 것을 맡겨야 하며, 하나님의 돌보심만을 의뢰해야 한다는 사실을 알았던 것이지요. 남편의 병을 제 힘으로 감당할 수 없음을 알았기 때문에 하나님만 의뢰할 수밖에 없었어요.

"딸아이가 문제에 휩싸이기 시작했을 때도 나는 주님께 기도했습니다. '주님, 그 애는 주님께 달렸습니다. 제가 어떻게 해야 할지 길을 밝히 보여 주옵소서. 제 가족을 모두 주님께 맡깁니다.'

"물론 지금도 울음을 참을 수 없을 때가 있고, 지쳐서 어찌할 바를 모를 때도 있습니다. 하지만 놀랍게도 패배했다는 생각은 들지 않아요. 실망감도 들지 않습니다.

"결국 모든 일은 하나님께 달린 걸요. 그 때문에 희망을 잃지 않는답니다. 마치 끝없이 깊은 모래 웅덩이에 빠지다가 그 밑에 있는 바위를 디딘 기분이에요."

믿지 않는 사람들이 자주 하는 질문 가운데 하나는 "그리스도인이 되면 뭐가 달라지나요?"라는 것입니다. 우리가 버지니아 같은 사람을 보면 그 차이는 명확해집니다. 승리와 패배의 차이입니다. 바울은 그 차이를 다음과 같이 묘사했습니다.

사방으로 우겨쌈을 당하여도 싸이지 않는다. 우리는 종종 이런저런 일로 압박을 느낍니다. 해야 할 일에 눌리고, 걱정거리 때문에 짐을 느끼며, 날마다 우리에게 닥치는 요구 사항들 때문에 한계를 느낍니다. 그럼에도 하나님께서는 우리를 지탱하여 주십니다. 우리는 날마다 새로운 마음으로 하루를 시작할 수 있습니다. 우리가 넘어지더라도 하나님께서 우리를 버리지 않으실 것을 알기 때문입니다.

답답한 일을 당하여도 낙심하지 않는다. 살다 보면 당황스런 일이 생깁니다. 때로 우리는 선한 사람에게 비극이 일어나는 것을 보며 의아해합니다. 왜 악이 선을 이기는 것처럼 보이는가? 왜 세상에는 인간으로서 차마 못할 일들과 탐욕과 불의와 고난이 많이 있는가? 답답할 때가 많습니다. 그러나 제한된 이해력을 가진 우리 머리가 아니라 하나님께서 가지신 무한한 지혜와 영원한 시야를 의뢰할 때 우리가 느끼는 답답함은 실망으로 빠지지 않습니다.

핍박을 받아도 버린 바 되지 아니한다. 경건치 않은 세상에서

역시 달라!

그리스도인으로서 경건하게 살아가려면 때로 고독할 때가 있습니다. 지출 장부를 속이거나 상사를 이용하거나 사무실에서 일어나는 횡령에 가담하지 않을 때 우리는 그들처럼 하지 않는다는 이유 때문에 미움을 받습니다. 우리가 믿는 바를 다른 사람들이 비판하거나 조롱할 때 마음이 상합니다. 소외감을 느끼거나 버림을 받은 느낌이 들지만, 그러나 우리는 절대 혼자가 아니며 버림받은 자가 아닙니다.

거꾸러뜨림을 당하여도 망하지 않는다. 남편이 병에 걸렸다는 소식을 들은 버지니아는 기절할 수도 있었습니다. 해고를 당하거나 사랑하는 사람과 사별하거나 인간관계가 깨지면 마치 주먹으로 급소를 얻어맞은 듯한 느낌을 받습니다. 그러나 하나님께서는 우리에게 용기를 주셔서 앞으로 나아갈 수 있게 하십니다. 이전보다 더욱 큰 힘을 주셔서 인생이 내민 주먹을 이길 수 있게 하십니다. 비록 주먹에 얻어맞아 멍이 들 수도 있지만 결코 패배하지는 않습니다.

버지니아를 옆에서 보고 있던 친구들은 여러 시련이 닥쳤을 때에도 여전히 용기와 믿음을 잃지 않고 다른 사람들의 필요에 대해서도 관심을 유지하는 버지니아를 보았습니다. 우리들 각자에게는 어두움이 몰아치는 시기에 그리고 가장 어려운 시기에 버지니아와 같은 방법으로 그리스도를 증거할 수 있는 기회가 주어집니다. 주위 사람들은 우리가 믿음을 시험하는 어려움들을 어떻게 다루는지를 볼 것입니다. 그리스도인이 참으로 다른 삶을 산다는 사실을 보여 줄 수 있는 좋은 기회가 됩니다.

기 도

하나님, 제게 어떤 어려움이 닥쳐와도 항상 저와 함께하여 주신다는 사실을 기억하며 새로운 힘을 얻습니다. 더욱 주님을 의뢰하는 삶을 살 것을 다시금 다짐합니다. 제가 주님을 드러내는 삶을 살아서, 삶이 아무리 어려울지라도 주님으로 말미암아 승리할 수 있다는 사실을 주위 사람들에게 전하게 하옵소서. 아멘.

30

올해의 최신 모델

능력과 존귀로 옷을 삼고 후일을 웃으며
입을 열어 지혜를 베풀며
그 혀로 인애의 법을 말하며.
잠언 31:25-26

직장 여성의 영적 생활 일기

> ### 잠깐 멈추어서…
>
> * 직장 여성 중에서 세상의 모델과 하나님의 모델을 분별하도록 합시다.
> * 우리의 우선순위를 다시 정의합시다.

웬디는 한 상점의 부책임자로 일하고 있는데 지금은 휴가 중입니다. 아이들은 학교에 갔고, 다림질도 마쳤으며, 오랫동안 별러 왔던 지하층 냉장고 청소도 끝냈습니다. 이제 정말 휴가를 즐길 순간이 다가왔습니다. 호두 아이스크림을 한 접시 가지고 텔레비전 앞에 앉아서 좋아하는 일일 연속극 재방송을 봅니다. 이것이 바로 인생이야!

늘 그렇듯이 연속극 사이마다 광고가 나옵니다. 첫째 광고는 초등학교 2학년 아들의 생일을 맞은 한 직장 여성이 멋지게 차려입고서는 쟁반 가득 멋진 케이크를 들고 나옵니다. 선생님과 다른 학부모들은 감탄하며 묻습니다. "언제 이렇게 준비하셨어요? 직장 일도 바쁘고 아이들도 돌봐야 하는데 요리할 시간이 있었습니까?" 예상대로 그 엄마는 "즉석 케이크 재료" 덕분이라고 비밀을 털어놓습니다. 아들이 엄마를 껴안고는 "엄마 최고!"라고

올해의 최신 모델

외치며 광고는 끝이 납니다.

다음 광고는 여남은 명 정도 되는 아이들이 마당에서 뛰어놀고 있는데, 그 집 엄마가 나와서 마실 것과 샌드위치를 나누어 주며 환하게 웃는 모습이었습니다.

세 번째 광고는 사람들을 초청하여 파티를 열고 있는 여인이 등장합니다. 실크 드레스를 입은 그 여인은 마치 고급 식당에서 바로 가져온 듯한 멋진 요리를 대접합니다. 남편은 자랑스러운 듯이 초대한 사람들을 향하여 "나는 아내가 어떻게 이런 요리를 준비할 수 있었는지 모르겠어요"라고 말합니다.

어떤 이유 때문인지 웬디는 오늘 연속극이 별로 재미가 없습니다. 사실 실망스러운 기분이었습니다. 웬디는 좋은 엄마와 아내 그리고 유능한 직장인이 되고 싶었으나 텔레비전 광고에 나오는 사람들을 보며 자기가 어느 것 하나 제대로 잘하고 있는지 의심이 들었던 것입니다. 멋진 케이크를 구울 줄도 모르고, 이웃집 아이들을 즐겁게 해 주지도 못하며, 현란한 파티 같은 모임을 잘 이끌 줄도 모릅니다. 잡지 표지에 나오는 사람처럼 옷을 잘 입지도 못했고, 집에는 늘 먼지가 끼어 있습니다. 자기에 대한 의구심이 슬며시 고개를 드는 것을 느낄 수 있었습니다. 불행하게도 실패한 사람일까요? 다른 모든 직장 여성들이 웬디보다 모든 면에서 나을까요?

오늘날 대중 매체는 직장 여성들에게 어떻게 보이고, 행동하고, 옷을 입고, 생각하고, 느껴야 정상인지에 대하여 쉴 새 없이

압력을 가합니다. 거의 매 순간 폭격을 하다시피 다가오기 때문에 우리는 그들이 정한 본과 수준대로 살아야 한다고 느끼기가 쉽습니다.

그러나 하나님께서 직장 여성에게 원하시는 이상적인 모습은 무엇입니까? 하나님께서는 우리가 어떤 아내와 어떤 엄마와 어떤 친구와 어떤 직장인이 되기를 원하십니까?

답을 얻기 위하여 잠언 31장에 나오는 여인을 살펴보기로 하겠습니다. 그 여인은 어떤 사람이었습니까?

그 여인은 실질을 중요하게 생각했습니다. 행동하기 전에 먼저 생각합니다. 성경에서는 그 여인이 "밭을 간품하여"(16절) 산다고 했습니다. 거래에 분별력이 있었습니다. "자기의 무역하는 것이 이로운 줄을 깨닫고"(18절). 미리 계획할 줄도 알았습니다. "후일을 웃으며"(25절). 이는 그날을 위해 미리 준비했기 때문입니다.

그 여인은 후했습니다. 새벽부터 저녁 늦게까지 분주했고, 돈 관리도 철저히 했지만, 자기가 가진 재산과 시간을 들여 "간곤한 자에게 손을 펴며 궁핍한 자를 위하여 손을 내밀"(20절) 줄도 알았습니다.

그 여인은 지혜롭게 말했습니다. 한담이나 이야기꾼이 되는 데에는 흥미가 없었습니다. 말을 할 때에는 "지혜를 베풀며 그 혀로 인애의 법을"(26절) 말했습니다. 다른 사람을 세워 주는 말을 했습니다.

그 여인은 다른 사람에게 좋은 것을 주었습니다. 가족과 집안 종들과 가난한 이웃들을 책임감을 가지고 대하였습니다. 어려운 사람들의 처지를 잘 알았습니다. 그 여인의 남편은 "그를 믿나니"(11절)라고 기록되어 있습니다. 그 여인은 "살아 있는 동안에 그 남편에게 선을 행하고 악을 행치 아니할"(12절) 뿐만 아니라, 그 자식들은 일어나 사례하고(28절), 그 여인을 아는 모든 사람들은 칭찬할(31절) 것입니다. 그 여인은 모든 사람에게 격려가 되는 삶을 살고 있습니다.

그 여인은 자기 관리를 잘합니다. 맡은 책임을 잘 감당하는데, 개인의 일, 집안을 돌보는 일, 가족을 보살피는 일을 잘하면서도 여전히 다른 사람들에게 긍휼을 베풀며 영적으로 풍성한 삶을 누립니다. 시간을 잘 조정하여 중요한 일은 꼭 해냅니다. "게을리 얻은 양식을 먹지"(27절) 않을 만큼 시간을 알뜰하게 관리합니다. 또한 지나치게 과도한 일을 함으로 말미암아 지친 상태에서 살지도 않습니다. 그 여인은 진정한 우선순위를 따라 시간을 쓸 줄 압니다.

성경에서 보여 주는 직장 여성의 이상형은, 주위 사람들에게 훌륭한 어머니라고 인정받는 데 신경을 쓴다든지, 또는 세상이 요구하는 수준에 맞추기 위하여 안달하지 않습니다. 세상에서 요구하는 외모와 생각과 신념을 갖추는 데에 관심이 있는 게 아니라, 무엇보다도 하나님을 경외하는 데에 최우선순위를 두며, 둘째로 가족들에게 필요한 것을 채워 나가며, 셋째로는 주위 사람들에게 대한 책임을 성실히 이행합니다. 즉, 집안에 있는 사람들로부터 문밖에 있는 가난하고 빈곤한 사람들에게까지 손길을 뻗칩니다.

물론 우리들도 이 여인처럼 우선순위가 확실한 삶을 산다면 직장 여성으로서 우리가 맡은 많은 책임들을 거뜬히 성취할 수 있을 것입니다.

기 도

주님, 제가 잠언 31장에 나오는 여인과 같이 되게 하여 주옵소서. 제 삶의 우선순위를 명확히 하고, 세상에서 요구하는 모습에 흔들리지 않도록 하여 주소서. 저는 다른 사람들에게 좋은 것을 주고 싶습니다. 실질을 중시하며, 후히 줄 줄 알고, 지혜롭게 행하며, 효율적으로 살고 싶습니다. 성경을 통해 이렇게 멋진 모습을 보여 주시니 감사를 드립니다. 아멘.

31
나 좀 알아주세요

그가 아들이시라도 받으신 고난으로 순종함을 배워서
온전하게 되었은즉, 자기를 순종하는 모든 자에게
영원한 구원의 근원이 되시고.
히브리서 5:8-9

직장 여성의 영적 생활 일기

잠깐 멈추어서…

* 하나님께서 우리에게 주신 가치를 확증합시다.
* 다른 사람이 우리에게 기대하는 바를 다시 평가해 봅시다.
* 조건 없이 주는 사랑을 받을 줄 아는 사람이 됩시다.

몇 달 전에 나는 도시 근교에서 열린 여성 수양회에 강사로 참석했습니다. 강사로 초청받아 마음이 들떴고 기쁘기도 하지만, 여행을 준비하면서 수양회 때 무엇을 입을까 하고 고민하기 시작했습니다. 머릿속에서는 다음과 같은 소리가 들려 왔습니다. "수양회에 참석한 사람들이 내가 어떤 모습을 하기 원할까? 무슨 옷을 입어야 좋은 반응을 얻을 수 있지?" 다른 말로 하면 나는 사람들에게 좋은 인상을 주기 원했습니다.

수양회에 가기 며칠 전에 나는 집 근처에 있는 상가를 둘러보고 있었습니다. 내게 꼭 맞는 옷이 진열장에서 튀어나오기를 기대하는 마음이 가득했습니다. 진열장에 걸려 있는 옷을 둘러보다가 나는 갑자기 무엇을 입을까 염려하는 내가 어리석다는 생각이 들었습니다. 충격이었습니다. 나는 수양회에 참석한 사람들에게 새로운 영감을 불러일으키고 격려를 주는 메시지를 전하려고 가는 것이지, 최신 패션을 소개하려고 가는 길이 아니기 때문이었습니다. 나는 이런 목표는 상실하고 참석자들이 볼 나의 모습만 생각하며 걱정한 것입니다.

물론 다른 사람을 기쁘게 하려는 태도에 잘못이 있다고 생각하지는 않습니다. 사실 자기 유익만 추구하는 이 세상에서 우리는 다른 사람의 유익을 진실된 마음으로 생각하라는 성경 말씀을 따라 살아야 합니다(빌립보서 2:4). 그럼에도 다른 사람을 기쁘게 하려고 애쓰는 데에는 위험이 도사리고 있습니다. 즉, 다른 사람이 기대하는 바를 얼마나 잘 충족시켰는가를 따라 우리 자신의 가치를 측정하려는 태도입니다.

우리들 모두는 압력을 느끼면서도 우리에게 중요한 의미가 있는 사람들이 우리에게 바라는 기준과 기대치에 순응하려고 애를 씁니다. 예를 들면 회사 상사와 동료와 가족과 친구와 교회에 함께 다니는 친구 등입니다. 애를 쓰는 것은 자연스럽습니다. 사도 바울도 여러 사람에게 여러 모양이 되기 위해 모든 노력을 아끼지 않았습니다(고린도전서 9:22). 마치 당신과 내가 모든 사람에게 모든 모양이 되려는 것과 비슷합니다.

그러나 바울이 그렇게 노력한 이유는 사람들을 기쁘게 하여 인정을 받으려는 게 아니라 그리스도를 위하여 "더 많은 사람을" 얻기 위함이었습니다(고린도전서 9:19). 우리 여자들은 때와 장소에 맞게 옷을 잘 선택하여 입으려고 애를 많이 쓰는데, 이는 그리스도를 위하여 사람을 구원하려는 것이라기보다는 사람들의 사랑과 인정을 받으려는 것이 주된 이유일 때가 많습니다. 자기가 별로 가치가 없다는 생각이 들 때 우리는 다른 사람의 인정이나 사랑을 얻어 내어 자기의 가치를 높이려고 합니다.

하나님 안에서 가진 우리의 존재 가치를 확신해야 진정한 안식을 누릴 수 있을 것 같습니다. 그래야만 다른 사람의 필요를 채워 주면서도 그 동기가 자기의 존재 가치를 확인받기 위한 것이 아니라 순수한 사랑과 긍휼에서 나온 것이 될 수 있습니다.

또 하나 위험한 점을 든다면, 다른 사람을 기쁘게 하려는 마음을 따라 살면, 우리가 어떤 결정을 내릴 때 경건한 가치관을 기초로 하지 않고 인간적인 가치관을 따라 결정을 내리고 싶은 유혹을 받는다는 것입니다. 우리는 다른 사람을 기쁘게 하기 위하여 우리가 가진 원칙을 어느 순간 버릴 수도 있습니다. 상사가 와서 사장이 자기를 찾으면 업무차 다른 곳에 간 것처럼 말해 달라는 부탁을 할 때, 또는 속사람의 아름다움보다는 외모에 더 신경을 쓰는 남편이나 약혼자를 만나러 갈 때, 그리고 친구가 집에서 쓰겠다고 하면서 우리 사무실에 있는 물건을 좀 가져다 달라고 할 때와 같은 경우입니다.

지나치게 다른 사람을 기쁘게 하려고 할 때 생기는 세 번째 위험은 우리가 하나님께서 원하는 수준에 도달해야만 하나님의 사랑을 받을 수 있다고 믿는 것입니다. 이는 사람에 대하여서도 마찬가지입니다.

어느 날 나는 친구 페기와 점심을 먹으러 갔습니다. 얘기를 나누다 보니 내가 직장 생활에 대하여 지나치게 불평을 많이 하고 있음을 깨달았습니다. 내가 하는 말은 온통 직장 일과 사람들과 주변 일에 대한 좋지 않고 부정적인 말로 가득 차 있었습니다. 마지막으로 나는 다음과 같이 말했습니다. "내 말이 어떻게 생각되니? 이런 말을 마구 지껄이는 내가 형편없는 사람처럼 보이겠지!"

나 좀 알아주세요

페기는 세상에서 가장 아름답게 웃으며 말했습니다. "네가 형편없는 말을 할 때나 별로 매력이 없어 보이는 때나 여전히 친구들은 너를 사랑한다는 사실을 알고 있니? 그렇게 사랑하니까 친구라고 할 수 있지 않겠니?"

페기는 내가 어떻게 행동하느냐에 따라 내게 대한 마음이 변하지 않았습니다. 페기는 나를 있는 그대로 사랑하였습니다. 우리들 가운데 그 누구도 항상 다른 사람을 기쁘게 하는 행동만 할 수 있는 사람은 없습니다. 물론 사람들 중에는 우리가 그들이 원하는 것과 기대하는 것을 제대로 해 주어야만 친구가 되려는 사람도 있습니다. 그러나 다행스럽게도 그런 관계는 대개 그리 오래 지속되지 않습니다.

그리스도인인 우리가 갈망하는 조건 없는 사랑을 가장 잘 드러내어 주는 것은 바로 우리를 향하신 하나님의 사랑입니다. 우리가 친구들이 기대하는 바에 미치지 못하듯이 하나님께서 원하시는 수준에는 도저히 이를 수 없습니다. 그러나 하나님께서는 우리를 여전히 사랑하십니다. 물론 우리는 하나님을 기쁘시게 하려고 노력합니다. 그러나 완벽해야만 하나님의 사랑을 받을 수 있는 것은 아닙니다. 예수님께서 우리를 위하여 죽으심으로 말미암아 우리는 이미 하나님 보시기에 완벽하게 되었기 때문입니다.

기 도

하나님, 제가 연약함에도 불구하고 저를 여전히 사랑하여 주시니 감사드립니다. 제가 생각해도 약점이 너무 많은데 말입니다. 저도 다른 사람을 주님과 같은 마음으로 사랑하도록 가르쳐 주옵소서. 주님과 다른 사람들이 저를 조건 없이 사랑할 때 이를 제가 감사하는 마음으로 받을 줄 알게 하옵소서. 아멘.

32

진짜 직업은 먼데요

저희가 묻되, "우리가 어떻게 하여야
하나님의 일을 하오리이까?"
예수께서 대답하여 가라사대, "하나님의 보내신 자를
믿는 것이 하나님의 일이니라" 하시니.

요한복음 6:28-29

> ### 잠깐 멈추어서…
>
> * 우리를 향한 하나님의 계획을 생각해 보고 그 안에서 일이 하는 역할을 살펴봅시다.
> * 하나님께서 명하신 일을 한다는 것의 의미를 살펴봅시다.

내 친구 존은 유명한 소설가입니다. 그 친구와 나는 가끔 글 쓰는 사람이 겪는 위험과 어려움에 대하여 얘기를 나누며 서로를 동정하곤 합니다. 내가 가장 재미있게 들었던 존의 이야기를 소개합니다.

존은 방금 인사를 마친 한 남자와 말하고 있었습니다.

"무슨 일을 하고 계십니까?" 그 남자가 물었습니다.

"글을 씁니다." 존이 대답했습니다.

그러자 그 남자가 되물었습니다. "아, 그래요. 그런데 **진짜** 직업은 뭔데요?"

존과 나는 이 이야기를 할 때마다 크게 웃습니다. 여러 해 동안

진짜 직업은 뭔데요

우리는 사람들이 글 쓰는 일을 **진짜** 직업으로 여기지 않는다는 것을 관찰해 왔기 때문입니다. 비록 많은 사람들이 글 쓰는 일을 진정한 직업으로 여기지 않는다 하더라도, 글을 쓰다 보면 하기 싫을 때도 있고, 좌절과 고독을 경험할 때도 있으며, 어떤 때는 화까지 날 때가 있는데, 이러한 문젯거리를 다루면서 글을 써야 하기 때문에 글 쓰는 일은 **진짜** 직업입니다. 그렇게 생각하지 않는 사람들이 많지만 말입니다. 물론 사람들의 이런 시선 때문에 불평하지는 않습니다.

많은 사람들이 글 쓰는 일의 본질을 제대로 이해하지 못하는 것처럼 우리는 하나님의 일의 속성을 명확하게 이해하지 못할 때가 많습니다. 그리스도인인 우리는 하나님의 일을 하라고 부름을 받았습니다. 부름받은 사실을 잘 알고 있기는 하지만 도대체 그 일이 무엇인지는 잘 모를 때가 많습니다. 회사 일과 집안일과 여러 인간관계와 교회나 지역 사회에서 맡은 책임과 개인적인 일 때문에 바쁘게 보내고 있는데 어떻게 또 하나님의 일을 할 시간을 짜낼 수 있겠습니까? 물론 이것도 우리가 하나님께서 맡기신 일이 무엇인지를 명확히 이해한다는 가정하에서 가능한 것입니다.

내 친구 단은 한 국제적인 선교 기관의 선교사입니다. 중남미 스페인어권 나라들을 다니면서 성경공부와 소그룹 모임과 개인 전도를 하면서 복음을 전합니다. 아무도 그가 정말 하나님의 일을 하고 있는지 의문을 던지지 않습니다.

그러나 당신과 나는 어떻습니까? 보건 관리 센터 홍보 책임을 맡고 있는 나는(물론 이 일도 글쓰기와 같이 내게는 **진정한** 직업입니다) 하나님의 일을 하고 있는 것입니까? 아니면 기독교 관련 책을 쓸 때만 하나님의 일을 하고 있는 것입니까? 백화점 점원인

레니와 변호사 킴과 조각가 캐시와 가정주부 캐롤린은 어떻습니까? 당신은 하나님의 일을 하고 있습니까?

젊은 시절 우리는 선교사와 목사와 같은 전임 사역자가 되는 것이 하나님의 일을 하는 것이라고 생각했었습니다. 우리들 상당수는 하나님께서 우리에게 어떤 일을 맡기셨는가를 생각하느라 마음에 갈등과 고민을 느꼈습니다.

몇 해 전에 나는 이 장의 첫머리에 인용한 성경 말씀을 접하였습니다. 그 구절이 그 당시에 선명하게 이해되었습니다. 우리들이 할 일은 단지 그리스도인으로서 제대로 살아가는 것입니다. 그리스도 안에서 구원하신 하나님을 믿고 부름받은 대로 살아가는 것입니다. 이것이 우리가 모든 시간을 들여 해야 하는 일입니다. 우리가 매일 살아가면서 행하는 모든 것은 단지 하나님의 부르심이 여러 측면에서 나타나는 것이기 때문입니다. 직장 일과 가정일과 여가 활용과 같은 모든 일이 이에 포함됩니다.

다른 말로 하면, 우리가 세상에서 하는 일이 어떤 종류인가에 의하여 우리가 하나님의 일을 하고 있느냐 아니냐가 결정되지 않는다는 것입니다. 우리가 그리스도 안에서 나타난 하나님의 원리를 따라 헌신적으로 살고 있다면 우리는 바로 하나님의 일을 하고 있는 것입니다. 우리가 시계 기술자이건 의료기 판매 사원이건 회사 사장이건 간에 그리스도인으로서 사는 우리의 근본적인 일은 변하지 않습니다.

최근에 나는 이런 주제에 대하여 친구와 함께 이야기를 나누었습니다. 나는 사람들이 선교사와 만나면 마음이 위축되는 듯하다고 말했습니다. 즉, 선교사를 만나면 우리는 그들처럼 하나님의 일을 하기 위해 모든 시간을 들이는 헌신을 하지 않았다는 생각 때문에 죄책감을 느끼는 것입니다. 이런 느낌은 하나님의 일이 뜻하는 바를 정확히 알지 못하기 때문에 생깁니다.

"모든 사람이 다 전임 사역자가 되어도 하나님의 일은 성취되지 않을 거야"라고 단이 말했습니다. 그리고 하나님께서는 모든 곳에서 하나님의 일을 할 사람이 필요하다고 했습니다. 사무실과 학교와 가게와 마을과 공장과 음식점과 같이 사람들이 생활하는 모든 곳에서 주님을 위해 일하며 주님을 위해 살고자 하는 사람이 필요하다는 말입니다.

당신과 나는 하나님의 일을 하기 위하여 새로운 직업을 찾으러 나설 필요가 없습니다. 우리는 하나님의 추수 터에서 일하라고 부르심을 받았습니다. 분노와 증오와 상처가 가득한 세상에서 하나님을 드러내라고 하셨습니다. 우리의 직업이 무엇이든 우리가 처한 곳에서 주님을 나타내면 우리는 날마다 하나님의 일을 하고 있는 것입니다.

이것이 바로 우리의 진짜 직업이요, 영원한 직업입니다!

기 도

하나님, 이 세상에 있을 때 주님의 일을 할 수 있는 특권을 주셨음을 인하여 감사를 드립니다. 제가 날마다 일하는 순간순간을 주님께 구별하여 드릴 수 있도록 도와주옵소서. 무엇보다도 주님의 일을 먼저 우선순위에 두도록 하시고, 제가 함께 일하는 사람들에게 주님을 명확히 드러내도록 도와주옵소서. 날마다 주님을 위한 일에 종사하도록 은혜를 베풀어 주옵소서. 아멘.

직장 여성의 영적 생활 일기

1997년 6월 25일 초판 1쇄 발행
2022년 9월 1일 개정 1쇄 발행

펴낸곳: 네비게이토 출판사 ⓒ
주소: 03784 서울시 서대문구 연희로 16 (창천동)
전화: 334-3305(대표), 334-3037(주문), FAX: 334-3119
홈페이지: http://navpress.co.kr
출판등록: 제10-111호(1973년 3월 12일)
ISBN 978-89-375-0635-2 03230

본 출판사의 서면 허락 없이는 본서의 전부 또는
일부의 무단 복제, 또는 원문에 대한 무단 번역을 금합니다.